Maria Marc

Mein Leben mit Franz Marc

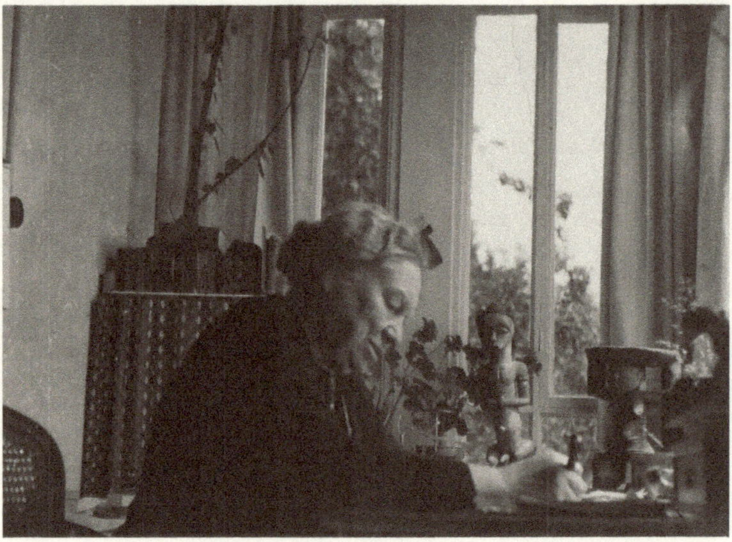

Maria Marc an ihrem Schreibtisch in Ried, um 1950

MARIA MARC

*»Das Herz droht mir manchmal zu zerspringen«*

# Mein Leben mit Franz Marc

herausgegeben von
Brigitte Roßbeck

Siedler

MIX
Papier | Fördert gute Waldnutzung
FSC® C014496

Penguin Random House Verlagsgruppe FSC® N001967

Dritte Auflage


Neumarkter Str. 28, 81673 München
Umschlaggestaltung: Rothfos + Gabler, Hamburg
Satz: Ditta Ahmadi, Berlin
Reproduktionen: Aigner, Berlin
Druck und Bindung: GGP Media GmbH, Pößneck
Printed in Germany
ISBN 978-3-8275-0035-9

www.siedler-verlag.de

# Inhalt

# Vorwort

In Erinnerung bleibt, was seelisch und geistig berührt. Emotionen geben dem Gedächtnisgerüst Stabilität.

Freilich griff Maria Marc bei ihrer Wiedergabe der Geschehnisse auch auf Korrespondenzen zurück.

Wie einen geheimen Besitz hütete sie ihr biographisches Wissen, womit sie sich zur Herrscherin vor allem über das Intime machte. Und gab sie, hier und da, Fakten preis, dann wohldosiert und fein sortiert und beschönigend makellos. Kein Schatten sollte auf den Gefährten und zunehmend berühmten Künstler fallen. Sie hat Franz Marc um nahezu vier Dezennien überlebt. Lediglich ein einziges Jahrzehnt der Verbundenheit war dem Paar vergönnt.

Zehn – bei flüchtiger Lektüre vermeintlich weitgehend identische, in Wirklichkeit voneinander abweichende – Niederschriften ihrer Memoiren befanden sich, nach heutigem Kenntnisstand, im Nachlass der Witwe. Nur in Ausschnitten fanden sie bisher den Weg in die Öffentlichkeit. Sechs der unterschiedlich umfangreichen Dokumente werden im Deutschen Kunstarchiv in Nürnberg aufbewahrt, vier befinden sich in Privatbesitz. Sie enthalten kaum Hinweise auf das jeweilige Entstehungsjahr.

Leicht machte sich Maria Marc die Erinnerungsarbeit, begonnen um 1930, gewiss nicht. Es scheint, als wäre sie einem bestimmten Schema gefolgt. Am Anfang standen zumeist recht ausführliche Notizen. Dem Schriftbild nach zügig, aus dem Bauch heraus sozusagen, zu Papier gebracht, noch frei von einschränkenden Korrekturen. Die jeweilige Revision einer Erstfassung ging einher mit Umformulierungen, Weglassungen beziehungsweise Hinzufügungen. Das Mittel der Selbstzensur kam auch bei eventuellen weiteren Durchgängen zum Einsatz. Den bereits bereinigten Text nochmals und nochmals prüfend, nahm Maria Marc dann wiederum Eingriffe vor. Lag das vermeintlich fertige Endprodukt vor ihr, beschlich sie offenbar ein Gefühl noch immer bestehender Unzulänglichkeit. Ergo begann die ganze Prozedur von Neuem. Dennoch werden uns Fragmente geboten, niemals das Ganze. Die Kriterien der Auswahl änderten sich, wie sich die Schwerpunkte und Sichtweisen der Autorin änderten. Doch gerade aus dem, was von ihr als bedeutsam eingestuft wurde und was als unwesentlich, lässt sich eine große Aussagekraft gewinnen.

Einmal, im Jahr 1945, muss sie beschlossen haben, weitgehend bei der ungeschminkten Wahrheit zu bleiben. Und sie mag dabei, selbst kinderlos, die ihr noch verbliebenen engsten Familienangehörigen im Blick gehabt haben. Denn der Nichte Erika und deren Kindern – das heißt Tochter, Enkelin und Enkel ihres Bruders Wilhelm –, so vermutlich Maria Marcs Überlegung, musste, ja sollte am Ende nichts von Wichtigkeit verschwiegen werden. Die Faltmappe aus grünem Karton birgt ein zweiundsiebzigseitiges Manuskript. Auf der Innenseite des Deckels steht geschrieben: »Von diesen Aufzeichnungen darf nie eine Veröffentlichung gemacht werden. Sie sind lediglich privates Tatsachenmaterial. Maria Marc, Ried b. Benediktbeuern, 20. Juni 1945«. (Zu ihren Lebzeiten hielt sie allerdings nahezu all ihre Erinnerungen im Verborgenen.) Dieses Dokument konnte von mir, der Herausgeberin dieses Buches, gemeinsam mit zwei ähnlich wirklichkeitsnahen Schriftstücken Maria Marcs, im Rahmen einer Autographenauktion ersteigert werden. Auf die Frage, wie das genannte Konvolut, unter Umgehung der testamentarisch bestimmten Erben, in den Handel kam, gibt es derzeit keine Antwort.

Maria Marc rückt in ihrer Chronik den Mann und Maler Franz Marc ins Rampenlicht, schildert seinen – und auch ihren – persönlichen und künstlerischen Werdegang. Im Rückblick lässt sie die Phasen von Irrungen und Wirrungen, Einsamkeit und Depression ebenso Revue passieren wie gruppendynamische Prozesse, Wende-, Glanz- und Höhepunkte. Wir nehmen teil an den Glücksgefühlen ihres Mannes eingedenk der Freundschaft auf Augenhöhe mit August Macke. Wir lesen von der starken Wirkung Wassily Kandinskys auf Franz Marc. Folgen, geleitet von der Memoirenschreiberin, seinem Weg in die Moderne – von den ersten Kontakten zur Neuen Künstler-Vereinigung München bis zum Mitredakteur des legendären Almanachs *Der Blaue Reiter*. Hindernisse unterwegs werden ebenso wenig verschwiegen wie mancherlei atmosphärische Störungen. Humor spricht aus ihrer Schilderung der gemeinsamen Reise nach England – trotz enttäuschendem Ausgang. Von erkennbar größter Bedeutung ist ihr Versuch, das Trauma Quartett d'amour schriftstellerisch zu bewältigen. Von der leidvollsten Erfahrung wiederum, Franz Marcs frühem Tod, vermochte sie nur bruchstückhaft zu berichten. Im Gegensatz zum Auftauchen und Wirken von Heilsbringer Heinrich Kaminski in krisenhafter Zeit. Bemerkenswert, ja beinahe unglaublich ihr letztendliches Fazit!

Den Charakter elementarer Botschaften hat auch das Vordringen der Zeitzeugin auf bis dato unbekanntes kunsthistorisches Terrain. Manche ihrer rückwärts gerichteten Erkundungen schließen Lücken in der Forschung, können ferner Mutmaßungen in Gewissheiten verwandeln. Andere liefern lange vermisste Details nach.

Die vorliegende Publikation erhebt nicht den Anspruch einer wissenschaftlichen Edition. Meine Aufgabe und meine Absicht waren es, die zehn existierenden Schriftstücke von Maria Marcs Erinnerungen in eine Lesefassung zu bringen – unter strikter Beibehaltung des Originaltons. Störende Wiederholungen, von denen es sehr viele gab, galt es zu vermeiden. Streichungen blieben unbeachtet, steckt darin doch nicht selten die größte Brisanz. Die akribische Suche nach singulären Erwähnungen, Anmerkungen, Einschätzungen und Urteilen half, den Blickwinkel zu erweitern und das Gesamtbild abzurunden. Rechtschreibung und Zeichensetzung wurden an die aktuell gültigen Regeln angepasst. Die Auswahl der Abbildungen oblag der Herausgeberin.

*

Wer eigentlich war die Frau auf dem durch kluges Lavieren und fast grenzenloses Beharrungsvermögen errungenen Vorzugsplatz an Franz Marcs Seite?

Maria Marc kam am 12. Juni 1876 als Tochter von Philipp und Helene Franck in Berlin auf die Welt. Die Profession des Vaters, Direktor einer Bank, war Garantie für ein Aufwachsen in gutbürgerlichen Verhältnissen. Man wohnte vorzüglich im repräsentativen Dienstgebäude nahe Oper und Dom, beschäftigte Personal, pflegte familiäre und außerfamiliäre Bindungen, nutzte das kulturelle Angebot, reiste viel und gern. Oftmals nach Ostpreußen, Heimat der Mutter und später auch des jüngeren Bruders Wilhelm.

Das Mädchen besuchte mit sehr gutem Erfolg ein Lyzeum, bekam Klavierstunden und war Mitglied des Chors der Berliner Sing-Akademie. Neben dem musikalischen wurde das schöpferische Talent der Heranwachsenden nicht nur erkannt, sondern nach Kräften gefördert. Mit neunzehn schloss sie eine Ausbildung zur Zeichenlehrerin an Volks-, Mittel- und Höheren Schulen ab. Nichts stand Maria ferner, als diese Befähigung zum Beruf zu machen. Lieber nahm sie ein Studium an der Berliner Königlichen Kunstschule auf und parallel dazu Unterricht bei den arrivierten Blumenmalerinnen Catharina Klein und Clara von Sivers. Erhebliche Fortschritte aber brachten erst die Kurse in Landschaftsmalerei bei Karl Storch, progressiver Mitbegründer der Berliner Secession und später Professor an der Königsberger Akademie. Mehrere Sommer verbrachte Fräulein Franck mal mit Lehrer und Mitschülerinnen, mal auch allein in den pittoresken Gegenden Ostholsteins. Aber: Schwabing lockte! Beginnend 1902, schwatzte Maria den widerstrebenden Eltern alljährlich ein paar Monate München ab. Insgeheim träumte sie von einer selbstbestimmten Künstlerinnenexistenz. Real mischte sie sich (und zwar fortgesetzt bis in das Jahr 1910) unter die Studierenden an der Damen-Akademie des Künstlerinnen-Vereins. Wir sehen sie in den Klassen von Angelo Jank, Max Feldbauer und Marie Schnür. Ihre Pleinair-Malkünste vervollkommnete sie während eines Aufenthaltes im Dachauer Moos, möglicherweise innerhalb einer Gruppe von Elevinnen um Adolf Hölzel. Doch damit nicht genug. Im niedersächsischen Worpswede arbeitete sie erklärtermaßen unter der Korrektur von Otto Modersohn. Überschattet wurden die Ausflüge der Mitt- bis Endzwanzigerin in die Freiheit durch eine weitgehend im Verborgenen gebliebene Herz-Schmerz-Geschichte.

So stand es um Maria Franck, als sie, achtundzwanzigjährig, im Februar 1905 den Kunstakademieflüchtling und Kollegen Franz Marc, fünfundzwanzig, zunächst nur kurz und im Februar 1906 näher kennenlernte. Richtig harte Anfangsjahre und von noch mancherlei Schwierigkeiten gekennzeichnete Folgejahre lagen da vor ihr und ihm. Was sie wurde und was sie blieb: Franz Marcs Lebens- und Liebensmensch. Seine Ermutigerin und Ratgeberin. Seine Wegbegleiterin, Mitmacherin und Mitstreiterin. Seine Patrona artium eben. Eingebunden in die Ideenwelten der Klassischen Moderne wie in den wachsenden Freundeskreis. Zusammenkünfte Franz Marcs ohne die Gefährtin mit den Mackes, den Klees, Kandinsky, Münter, Jawlensky, Werefkin, Lasker-Schüler, Niestlé, Campendonk, den Brücke-Malern waren für ihn denkbar fast nur, wenn sie sich andernorts aufhielt. Schrecklich vermisst und sehnlichst zurückerwartet.

Lediglich das weibliche Anhängsel zu geben war niemals Marias Absicht. Außerdem wäre es falsch, Zurückhaltung in puncto Herzeigen ihrer Werke mit Mangel an kreativen Ambitionen zu verwechseln. Bilder aus der gemeinsamen Zeit in Lenggries und Sindelsdorf sind Belege für eine individuelle künstlerische Handschrift. 1912 war sie mit drei Arbeiten, darunter ihre Lithographie *Tanzende Schafe*, auf der zweiten Blauer-Reiter-Ausstellung vertreten.

Zwischen dem Einzug ins eigene Haus 1914 und dem Beginn des Ersten Weltkriegs lagen nur wenige Monate. Das Glück schlug um in abgrundtiefe Angst. Marcs Einberufung bedeutete für Maria eine Zäsur, und sein Sterben am 4. März 1916 auf dem Schlachtfeld vor Verdun einen noch tieferen Einschnitt. Es hatte Zeichen der Entfremdung gegeben. Ein Trost mag der unbeugsamen Pazifistin die – je länger das Grauen mörderischen Gemetzels anhielt, desto deutlicher in seinen Briefen zum Ausdruck gebrachte – Wandlung ihres Mannes vom wortreichen Befürworter des Waffengangs zum verzweifelt hoffnungslosen Ankläger gewesen sein.

Wie ohne den Gefährten weiterexistieren? Wie das Nachleben gestalten?

Als hilfreich – und zugleich belastend – erwiesen sich die Verpflichtungen und Verantwortlichkeiten der Alleinerbin und bald auch uneingeschränkt agierenden Nachlassverwalterin. Die Kette der Herausforderungen riss nicht ab: Unterstützung von Ausstellungsvorbereitungen, Verhandlungen wegen des Ankaufs von Bildern ihres Mannes durch Museen und private Sammler, Kontakte halten zu Galeristen, Mitwirkung an der Herausgabe von Aufsätzen und den Aphorismen aus Franz Marcs Feder, an Monographien oder an einem ersten Werkverzeichnis. So ernst sie ihre Rolle als Gralshüterin nahm, so streng wahrte sie die Rechte an Franz Marcs künstlerischem Œuvre. Schließlich gehörten seine Bilder schon bald zu den weltweit am häufigsten reproduzierten.

Gleichzeitig wuchs in ihr der Wunsch nach einem gestalterischen Neuanfang. 1922 immatrikulierte sich die Sechsundvierzigjährige am Bauhaus in Weimar. Hier konnte sie alte Freundschaften auffrischen und neue knüpfen. Zum Bauhauskollegium gehörte neben Paul Klee und Wassily Kandinsky auch Lyonel Feininger, mit dessen Ehefrau Julia sie dauerhaft in Verbindung blieb. In erster Linie hatte Maria die Keimzelle und Heimstätte der kunsthandwerklichen Avantgarde angesteuert, um das professionelle Weben in verschiedenen Techniken zu erlernen. Bei keiner Geringeren übrigens als der Bauhaus-Meisterin Helene Börner.

Ende der zwanziger Jahre stand ihr der Sinn nach südlichen

Gefilden. Bis in die frühen fünfziger Jahre blieb Ascona Marias Sehnsuchtsort. Nie versiegender Quell der Inspiration. Schwabing gleichsam am Lago Maggiore. Zauberhaft schöne Webarbeiten brachte sie, die Aufenthalte im Tessin unterbrechend, mit in ihr bayerisches Zuhause. Unterdessen war Maria auch zur Fachfrau für das Färben von Wolle mit Pflanzenfarben avanciert. Im heimischen Garten hatte sie sich eine eigene Weberhütte errichten lassen. Ab dem Sommer 1939 hielt sie sich, zwangsläufig, vorwiegend in Ried auf. Solange der Zweite Weltkrieg andauerte, war ihr die Schweiz verschlossen. Aus ihrer Nazigegnerschaft machte sie, das nicht zu vergessen, nach wie vor keinen Hehl.

Der Kontakt zu Gabriele Münter war niemals abgerissen. Hielt Maria sich in Berlin auf, stand stets ein Besuch bei der wiederverheirateten Elisabeth Macke-Erdmann auf dem Programm. Jean Bloé Niestlés Witwe Marguerite und deren Töchtern half sie über finanziell schwierige Zeiten hinweg.

Maria Marc starb am 25. Januar 1955 in ihrem Haus in Ried bei Benediktbeuern.

*

Bleibt noch, auf posthume Würdigungen ihrer Person und Werke hinzuweisen.

Bereits Ende 1916 war sie an einer kleinen Schau von Künstlerinnen unterschiedlicher Couleur in Berlin beteiligt. Allesamt Vertreterinnen zukunftsweisender Ausdrucksformen.*

1952 offerierten die Münchner Galeristen Otto und Etta Stangl dem interessierten Publikum fünfunddreißig Blätter von Franz Marc sowie elf von Maria Marc gefertigte Bildteppiche. Über den Jahreswechsel 1995/96 bot die Städtische Galerie im Lenbachhaus, München, einen Überblick über Maria Marcs gesamtes Schaffen. Im Jahr 2000 legten Kirsten Jüngling und ich mit *Franz und Maria Marc* die erste Lebensbeschreibung des Künstlerpaares vor.

* *Berliner Tagblatt*, Abend-Ausgabe vom 1. Dezember 1916

2004 erschien das von Annegret Hoberg verfasste, reich bebilderte Buch mit gleichem Titel. In demselben Jahr machte eine Sonderausstellung im Schloßmuseum Murnau auf *Maria Marc im Kreis des ›Blauen Reiter‹* aufmerksam. *Ab nach München! Künstlerinnen um 1900* war jene, Maria Marc einschließende, Retrospektive des Stadtmuseums der bayerischen Metropole überschrieben, die im Spätsommer 2014 ihre Pforten öffnete. Dass seine Frau in meiner 2015 erschienenen umfassenden Biographie *Franz Marc. Die Träume und das Leben* eine zentrale Position einnimmt, versteht sich von selbst.

*

Mein Dank gilt Erwin Wimmers als Vertreter der Erbengemeinschaft nach Maria Marc für seine Einwilligung in die Publikation sowohl der speziellen Aufzeichnungen seiner Großtante Maria Marc mit Sperrvermerk als auch aller anderen.

*Brigitte Roßbeck*

# *Mein Leben mit Franz Marc*

In den Jahren meines Alleinlebens nach dem Tode von Franz Marc wurde in mir der Wunsch lebendig, Erinnerungen an mein Leben mit ihm aufzuschreiben; ich musste so viel an dieses Leben denken, das ihn und uns beide so wunderliche Wege geführt hatte. Obwohl die Erlebnisse selber ungewöhnlich genug waren, beschäftigte mich viel mehr der Sinn, den sie für uns gehabt hatten. Und es wurde mir bald klar und im Laufe der Jahre immer klarer, welch ein tiefer Sinn sich hinter allen Begebenheiten verbarg.

Es lag von jeher in Franz Marcs Natur, dass ihm nur das gelang, was er mit dem Einsatz seines ganzen Wesens tat. Sobald noch die sentimentalen Gefühlsmomente mitspielten, wurde ihm kein Gelingen seiner noch so guten Absichten zuteil. Alle Irrungen und Wirrungen seines Lebensweges dienten nur dem einen Ziele, seine hemmenden und zerstreuenden Neigungen zu überwinden und sie hinzulenken auf ihren positiven Sinn, indem sie ihn jeweils das für seinen Weg Falsche seines Verhaltens unerbittlich und sehr bedrängend erfahren ließen. Das hat sich nach meinen Erfahrungen immer bestätigt.

Es lagen in ihm zwei ganz entgegengesetzte Möglichkeiten und Kräfte. Auf der einen Seite fühlte er eine ungewöhnliche Hingabebereitschaft und liebevolle Weichheit, denen seine romantische Neigung entsprang. Andererseits regte sich in ihm eine mit den Jahren immer stärker werdende Sehnsucht nach dem Gesetzmäßigen allen Tuns, dem auch er sich in seinem eigenen Leben zu unterstellen trachtete. Je älter er wurde, umso stärker richtete sich seine Sehnsucht auf ein unpersönliches reines Sein.

Aus diesen beiden Gegensätzen seines innersten Wesens ergaben sich die Ereignisse, die den Lauf seines Lebens begleiteten. Und je mehr er versuchte, die richtigen Konsequenzen aus seinen Erfahrungen und Enttäuschungen zu ziehen, umso mehr möchte man erkennen, dass eine planvolle Führung über ihm stand, die seinen Instinkt leitete, um seine schöpferischen Kräfte zu wecken

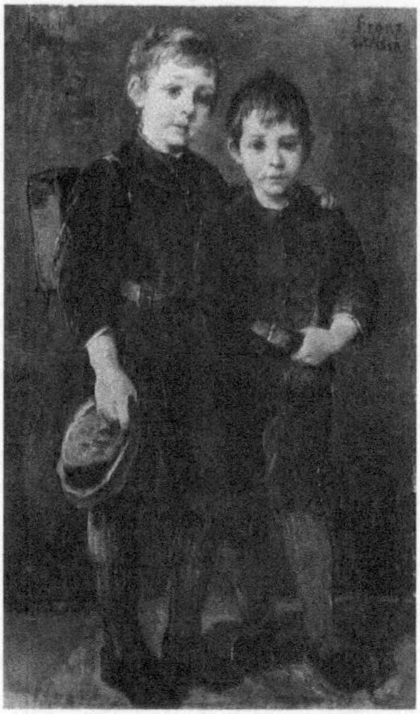

Wilhelm Marc:
*Die Söhne Paul und Franz*, 1884

und zur Entfaltung zu bringen. Dadurch erstarkte die Fähigkeit in ihm, die weit auseinander liegenden Gegensätze zu vereinen. Es galt für ihn nicht allein, ein guter Maler zu werden, sondern ein ganzer Mensch. Dies war wohl die Aufgabe seines Lebens, die ihm das Schicksal stellte.

Franz Marc wurde am 8. Februar 1880 geboren. Sein Vater Wilhelm Marc war ein Kunstmaler. Seine Mutter Sophie Marc, geborene Maurice, stammte aus dem französischen Elsass. Er ist aufgewachsen in München und in den bayerischen Bergen, wo die Eltern regelmäßig die Sommermonate verbrachten. Nach den Erzählungen der Mutter war Paul, der ältere Sohn, der lustigere und unternehmendere Bub. Franz war stiller, immer nachgiebig und spielte, was Paul vorschlug. Er besuchte die Schule in München als ein sehr guter Schüler – das war eine Selbstverständlichkeit.

Zeichenversuche aus der Kindheit und frühen Jugend verraten noch keine Begabung. Diese zeigte sich erst sehr viel später.

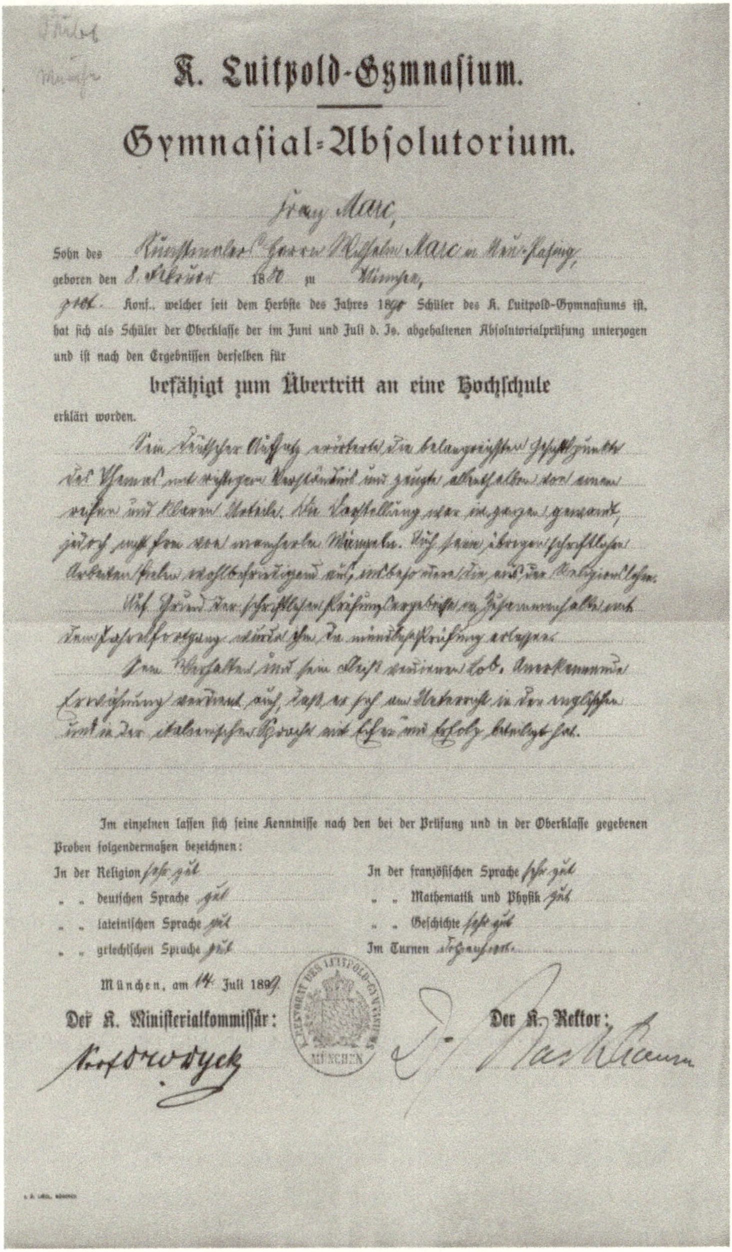

K. Luitpold-Gymnasium.

Gymnasial-Absolutorium.

Franz Marc,

Sohn des Kunstmalers Herrn Wilhelm Marc in München-Pasing,

geboren den 8. Februar 1880 zu München,

prot. Konf., welcher seit dem Herbste des Jahres 1890 Schüler des K. Luitpold-Gymnasiums ist, hat sich als Schüler der Oberklasse der im Juni und Juli d. Js. abgehaltenen Absolutorialprüfung unterzogen und ist nach den Ergebnissen derselben für

**befähigt zum Übertritt an eine Hochschule**

erklärt worden.

[illegible]

Im einzelnen lassen sich seine Kenntnisse nach den bei der Prüfung und in der Oberklasse gegebenen Proben folgendermaßen bezeichnen:

| | |
|---|---|
| In der Religion sehr gut | In der französischen Sprache sehr gut |
| „ „ deutschen Sprache gut | „ „ Mathematik und Physik gut |
| „ „ lateinischen Sprache gut | „ „ Geschichte sehr gut |
| „ „ griechischen Sprache gut | Im Turnen [illegible] |

München, am 14. Juli 1899.

Der K. Ministerialkommissär: Prof. Dr. v. Dyck

Der K. Rektor: [illegible]

Abiturzeugnis Franz Marcs

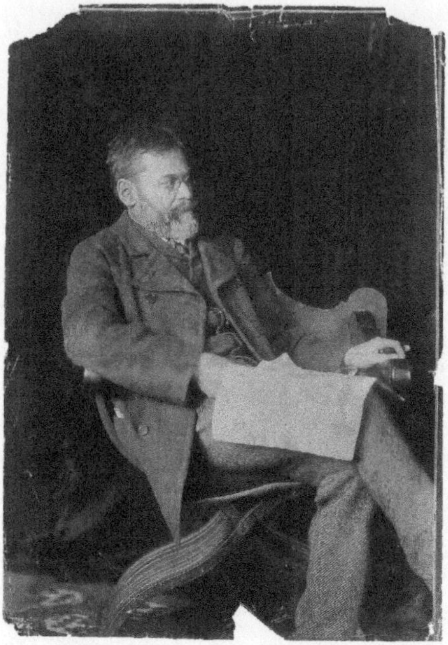

Wilhelm Marc, um 1885

Franz sprach sehr oft davon, wie viel er seinem Vater in geistiger Beziehung verdankte. Auch die Zeichnungen und Ölbilder des Vaters verraten eine ungewöhnliche künstlerische Kultur und zeigen die Wurzel zu den späteren Fähigkeiten von Franz. Zu dem geistigen Erbe des körperlich zarten Vaters kam eine starke körperliche Gesundheit durch die Mutter, einer schönen, feinen Frau.

Franz Marcs Entschluss, Maler zu werden, reifte in der Zeit seines einjährigen militärischen Dienstes. Er ging im Ganzen 2 Jahre auf die Münchner Akademie:

1 Jahr zum Zeichnen zu Professor Gabriel von Hackl

1 Jahr zum Malen zu Professor Wilhelm von Diez.

Seine Arbeiten haben auch dort kein besonderes Aufsehen hervorgerufen. Beachtet wurden nur seine Bemühungen um die Technik der Malerei mit Ei-Tempera, die ihn sehr beschäftigte, ihm aber etwas den Spott seiner Kameraden eintrug. Seine frühen

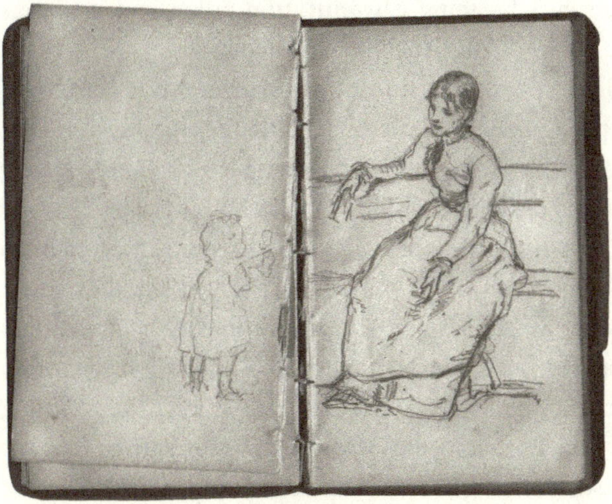

Wilhelm Marc: *Sophie Marc,* um 1881

Studien verraten keinen besonderen Weg, sie sind weder konventionell noch revolutionär, aber fein empfunden; man wusste nicht recht, wohin damit.

Zum ersten Male hörte ich [1904] seinen Namen von einem Freunde nennen, der von dem Maler Franz Marc erzählte, er hätte eine Freundschaft mit Frau Annette Simon, geborene von Eckardt, was natürlich Aufsehen erregte, weil sie mit einem bekannten Münchner Professor verheiratet war. Man fügte aber hinzu, dass Marc nicht danach aussähe, als ob er derartige Dinge leichtfertig täte, und man behauptete sogar zu wissen, dass der Professor Richard Simon davon wüsste und dass die Ehe keine glückliche sei.

So weit die Münchner Gespräche! Aber es gehört dazu, etwas davon zu sagen, denn das Verhältnis von Franz Marc zu Frau Annette Simon war von großer schicksalhafter Bedeutung und blieb die nächsten Jahre von allergrößtem Einfluss auf sein Leben und in gewissem Sinne auch auf das meine, was ich aber damals noch nicht ahnen konnte. Man sprach hie und da darüber, für mich hatte das noch keinerlei Bedeutung, denn man war an derartiges Gerede in Schwabing gewöhnt, und außerdem erfüllten mich meine eigenen Angelegenheiten vollauf.

Eines Tages, als ich mit besagtem Freunde durch die Stadt ging, begegnete uns ein sehr auffallendes, ungleiches Paar: eine kleine dunkle Dame und ein großer gut aussehender Mann, sehr besonders gekleidet. Er trug eine hohe schwarze Pelzmütze auf dem Kopf und hatte eine kurze Jacke an aus dunkelbraunem Tuch mit Schnüren an den Knöpfen, der man ansah, dass sie mit Pelz gefüttert war. Er beugte sich beim Sprechen ganz tief zu seiner Begleiterin herunter. Niemandem blieb verborgen, dass er sie liebte. Man grüßte gegenseitig, ging aneinander vorüber, und mein Begleiter sagte, dies wären der Maler Franz Marc und Frau Professor Simon gewesen. Die Begegnung war am Bahnhofplatz in München bei dem großen Warenhaus Tietz.

Lange Zeit hörte ich dann nichts mehr von ihm. Ich war auch mit mir selbst und mit meinen eigenen Erlebnissen sehr beschäftigt und fühlte mich enttäuscht von den Menschen, vom Leben und von mir. Mein Interesse für andere war nicht groß. Ich musste ja auch immer wieder von München fort und zu meinen Eltern nach Berlin zurückgehen.

Nirgends fand ich einen Halt und festen Boden – auch nicht in mir. Dazu war ich, wenn auch nicht mehr ganz jung, zu lange zurückgehalten und behütet im Elternhause gewesen, was mich daran gehindert hatte, Erfahrungen mit anderen Menschen und mir selbst zu machen, durch die ich hätte enttäuscht und erschreckt werden können. In diesen ersten Münchner Jahren [1903 und 1904], in denen ich auf mich allein gestellt war, fand ich mich in Verhältnisse hineingezogen, denen ich nicht gewachsen war. Mich bedrängten schwere Zweifel und Konflikte. Aber die Zeit ging weiter, und man war in München bald mitten im fröhlichen Fasching, der mir immer viel Freude gemacht hat. Meine frühe Jugendzeit bei den Eltern in Berlin hatte mir nicht viel jugendliches Vergnügen erlaubt, das ich ebenso entbehrte, wie ich still und sehnsüchtig nach geistiger und künstlerischer Führung verlangt hatte. Schon sehr früh kamen mir die Gedanken, dass alle Kunst und alles künstlerische Schaffen noch eine ganz andere Bedeutung und einen ganz anderen Sinn haben müssten, als ich bisher erfahren hatte. Große Sehnsucht und ein nie mehr zu unterdrückendes Verlangen, es einmal zu wissen, wurden in mir geweckt und blieben seitdem stets lebendig in meinem Inneren. So oft habe ich im Stillen zu mir gesagt: Du *musst* einmal in deinem Leben dahinterkommen, was das alles auf sich hat. Ich ahnte, dass ein tiefer Sinn im künstlerischen Schaffen liegen muss.

Im Februar 1905 bin ich Franz Marc zum ersten Mal persönlich begegnet. Es war an einem Fest, der sogenannten Bauernkirchweih in der Schwabinger Brauerei, das ich mit einer Kollegin zusammen besuchte. Ich war voller Traurigkeit, wollte mich nur ein wenig zerstreuen und gar nicht lange dort bleiben. Als ich bald genug hatte und der Kollegin sagen wollte, dass ich nun heimgehen würde, fand ich sie mit Marc zusammen. Er saß ziemlich tief, fast am Boden, und sie saß auf seinem Knie; ich sah ihn kaum an, er erzählte mir aber später, dass er mich lange angesehen hätte mit dem Gedanken: Wer mag dies blonde Mädel sein? Ich habe es nicht bemerkt, weil ich mit meinen Gedanken gar nicht auf dem fröhlichen Fest war.

Nach dem Bauernball fragte mich eine ältere Kollegin, Marie Schnür*, ob es mich interessieren würde, den Maler Marc kennenzulernen, sie wollte ihn einmal einladen. Diese Einladung hatte noch besondere Gründe, Eifersüchtelei um einen anderen Freund, an dem Marie Schnür sehr viel lag. Dieser Freund hatte sich in jene junge Malerin verliebt, die auf dem Bauernball auf dem Knie von Marc gesessen hatte. Marie Schnür wollte nun das Interesse, das Franz Marc an der jungen Malerin auf dem Ball

* Maria Francks Lehrerin an der Damen-Akademie des Münchner Künstlerinnen-Vereins

gezeigt hatte, benutzen, um sie von dem anderen Freund abzulenken. Was ich noch dabei sollte, ist mir nicht klar geworden.

Der Nachmittag kam, aber das Resultat wurde ein ganz unerwartet anderes. Keiner von uns hat es geahnt, wie schicksalhaft die Begegnung werden sollte. Es kam so, dass Franz Marc die junge Malerin kaum beachtete und sich die ganze Zeit mit mir unterhielt. Er hat mir später erzählt, dass er immer überlegt hätte, wer der Mann sei, durch dessen Einfluss ich dazu gekommen sei, Dinge zu sagen, die ihm höchst unnatürlich für mich schienen, und so zu sprechen, wie ich es tat. Er dachte, dass diese Art zu denken und zu reden ganz und gar nicht zu mir passte und ich unter einem Einfluss stünde, der für mich unheilvoll sein müsste. Das stimmte genau!

Marc und ich gingen gemeinsam fort von Schnür, er begleitete mich nach Hause. Auf seine herzliche Aufforderung eines baldigen Wiedersehens musste ich ihm betrübt antworten, dass ich von München fort müsste und zu meinen Eltern nach Berlin zurückkehren sollte! Meine Eltern verlangten es von mir und wollten mir nicht erlauben, nach München wiederzukommen.

Er redete ganz ernst auf mich ein, dass ich bei aller Liebe und allem Respekt den Eltern gegenüber darauf bestehen müsste, zurückzukehren, ja, dass für jeden Menschen der Augenblick käme, in dem er die Verantwortung für sein Leben selber zu tragen hätte, und die Verpflichtung, sein Leben selbst in die Hand zu nehmen. Das müsste ich bedenken, es könnte die Pflicht dem eigenen Leben gegenüber größer sein als die Pflicht gegen die Eltern. So schied er von mir, sein herzliches »auf Wiedersehen« wiederholend.

Darauf fuhr ich nach Berlin, mit schwerem Herzen, ich war mit mir und meinem Leben unzufrieden und wusste nicht, wie es weiter werden sollte und was ich tun müsste. Auf Anregung einer Berliner Kollegin schickten meine Eltern mich nach Worpswede, wo ich einen stillen, einsamen und sehr arbeitsreichen Sommer und Herbst verlebte. Ich blieb bis in den November hinein dort, immer gleichmäßig traurig und einsam; aber ich kam künstlerisch voran. Otto Modersohn hatte sich bereit erklärt, mich zu korrigie-

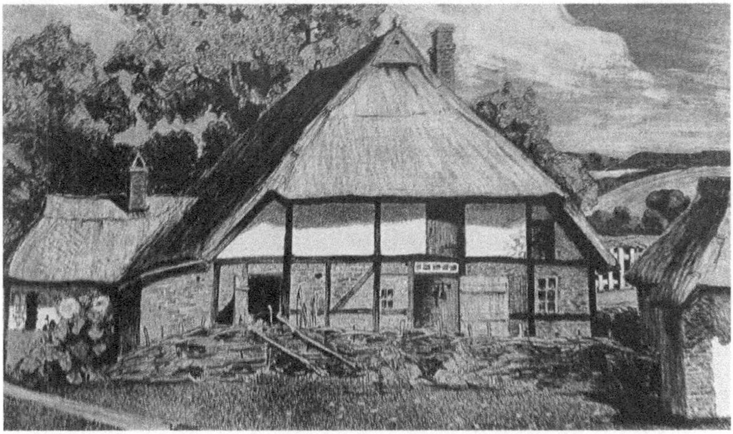

Maria Marc: *Bauernhaus in Worpswede,* 1904

ren – und ich lebte ganz meiner Malerei, achtete weder auf Klima noch Wetter, das mir gesundheitlich gar nicht zuträglich war.

Von München hörte ich manchmal, aber nichts von Franz Marc, sondern von dem Freund, um dessentwillen ich so unglücklich war, der mir Bücher zum Lesen schickte, mich aber nicht froh machte. Von Marie Schnür wusste ich nur, dass sie nach Paris gefahren war, um Porträts zu malen und im Louvre zu kopieren.

Es zog und zog mich nach München. Alle meine Gedanken kreisten um die Möglichkeit, wieder hinzukommen.

Im Rückblick war das, was mich dort umgeben hatte, anregend und beglückend gewesen. Der freie Ton der Malweiber hatte mich entzückt. Ich liebte Berlin nicht und konnte mich vor allem nicht mehr an das Leben einer »Tochter wohlsituierter Eltern« gewöhnen. Nach meiner Rückkehr nach Berlin war ich ganz unglücklich geworden und kämpfte verzweifelt gegen den Willen meiner Eltern, die mich begreiflicherweise nicht wieder fortlassen wollten. Schließlich könne man ja auch in Berlin malen. Aber ich hatte zu Hause nicht die Freiheit, die ich brauchte. Doch sie fühlten natürlich, dass ich ihnen entglitt und nie mehr als Tochter des Hauses zurückkehren würde. Nicht nur das gelockerte und beschwingte Leben in Süddeutschland sagte mir nun mehr zu, sondern es war mir auch notwendig, um mich von meiner Schwere, allen Hemmungen und bürgerlichen Vorurteilen zu befreien. Ich fühlte in mir Möglichkeiten, Kräfte und Begabungen, die mir keine Ruhe ließen und die zur Entfaltung drängten und sich niemals in den Berliner Verhältnissen hätten entwickeln können. Erst nach den schwersten Kämpfen ließen meine Eltern mich gehen, sehr zu ihrem Leid – der Abschied wurde für mich deshalb nicht leicht.

So kam ich [Anfang 1906] wieder nach München zurück in den alten Kreis mit den alten Konflikten – wiederum sehr allein im Grunde. Die Beziehung zu meinem Freund wurde immer schwieriger und unmöglicher. An Franz Marc dachte ich kaum mehr. Und wieder ging ich, fast aus Gewohnheit, wie jedes Jahr, auf den Bauernball, allein, ohne Absicht zu tanzen; nur das bunte Bild mit den schönen echten Trachten wollte ich sehen und mich ein wenig zerstreuen. Und als ich mich so ganz verloren zwischen den Tanzenden durchwinde, sehe ich plötzlich unter einem Maibaum Franz Marc stehen; er erblickte mich zur gleichen Zeit und kam auf mich zu. Er machte eine freudige Bewegung mit den Armen, als wollte er sagen: »Da ist sie ja«, und nahm mich an der Hand.

Es geht mir noch heute, bei der Erinnerung, ein unvergessliches Gefühl durch und durch, wenn ich an dieses Wiedersehen denke. Er sah wunderschön aus in seinem bretonischen Kostüm.*

Wir blieben den ganzen Abend, die ganze Nacht bis zum hellen Morgen zusammen auf dem Fest, tanzten nur miteinander, sprachen alles Mögliche, auch Ernsthaftes, aßen und tranken und waren lieb und vertraut. Er freute sich sehr, dass ich zurückgekommen war und dass wir uns gleich getroffen hatten.

Am Morgen frühstückten wir noch zusammen in unseren Kostümen in der Konditorei Graupner auf der Leopoldstraße. Er sah mich ernst an und sagte: »Wie schön, dass ich Sie gefunden habe – was hätte ich getan ohne Sie?«, worauf ich ihm antwortete:

* Franz Marc hatte von seiner Reise 1903 nach Frankreich alle zu einer bretonischen Männertracht gehörenden Bekleidungsstücke mitgebracht.

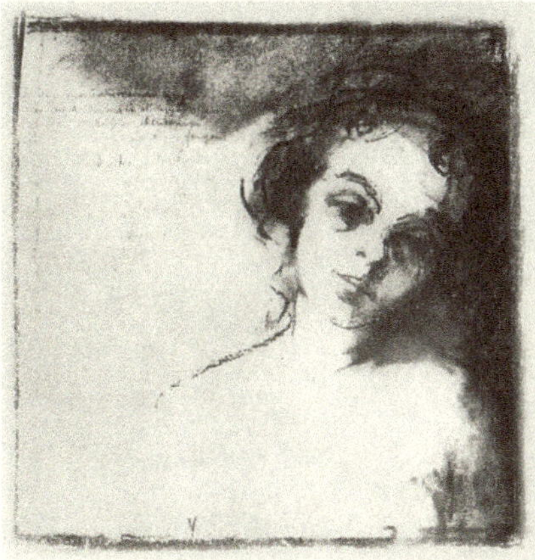

Franz Marc: *Frauenkopf* (Annette Simon), um 1904

»Dann hätten Sie mit jemand anderem getanzt!« – »O nein«, meinte er, »ich hätte gar nicht getanzt und wäre bald heimgegangen, denn ich war sehr traurig und ging nur auf das Fest, um mich zu zerstreuen und mich an dem bunten Bild zu freuen.« Und dann erzählte er mir, dass seine Freundin [Annette Simon] todkrank gewesen sei, eine schwere Operation durchgemacht hätte und nun im Süden bei ihrem Vater weilte. Die schwere Krankheit hätte sie dazu bewogen, das enge Verhältnis zu ihm zu lösen. Sie fühle wohl nicht die Kraft, alle Konsequenzen auf sich zu nehmen, die ein Leben an seiner Seite erfordern würden. Er sei sehr traurig und unglücklich darüber. Franz Marc hing mit unerschütterlicher Treue und leidenschaftlicher Liebe an ihr und konnte keinen neuen Anfang finden. Der Versuch der Überwindung dieses schmerzlichen Jugenderlebnisses hat viel schweres Leid über ihn und über mich gebracht. Er war kein Mensch, dem es leicht wurde, von einem anderen im Leben zu gehen. Alles, was er tat, musste aus dem vollen Einsatz seines ganzen Wesens geschehen, sonst führte es zu keiner Lösung, weder für ihn noch für die Menschen seiner Umgebung. Alle Kompromisse, alle Versuche, die nur aus einem guten Willen zur Lösung innerer Konflikte entstanden, mussten fehlgehen, wie sich das im Verlauf der nächsten

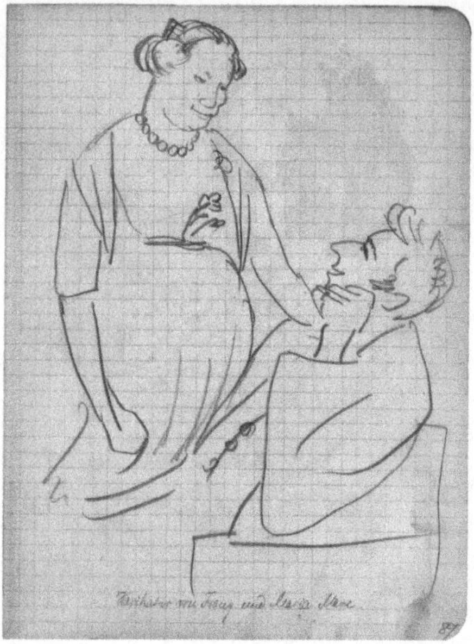

August Macke: *Franz Marc und Maria Franck*, 1910

Jahre auch gezeigt hat. Wenn man das Ganze überschaut, erkennt man, wie schon sehr früh eine besondere Aufgabe in ihn gelegt war, die zu erfüllen es einer außergewöhnlichen Entwicklung bedurfte. Viel innerer Kampf, viel Selbstüberwindung sollten von ihm gefordert werden, damit die starken lebensvollen Seiten seiner Persönlichkeit sich zu ihrer ganzen Fülle entwickeln konnten – und er nicht allein dem romantischen Hang seiner Jugendjahre unterlag.

Die erste Jugendzeit war von dieser schönen Romantik erfüllt. Auch seine Freundin lebte ganz in ihr. Er aber konnte darin nicht verharren, er war zu anderem ausersehen: Zukünftiges zu verkünden. Er stand, unter den inneren Konflikten und Problemen leidend, zwischen zwei Lebenszeiten und sah keinen Ausweg aus der Verwirrung, in die er geraten war.

Beim Abschied äußerte er, dass er mich gern einmal besuchen wollte, um auch meine Arbeiten anzuschauen, die ihn sehr interessierten.

Nachdem ich allein war, bekam ich starke Zweifel an seinem Besuch. Er war ein so außergewöhnlicher Mensch, auch äußerlich auffallend, mit seinem wunderbaren Kopf, mit den ernsten dunklen Augen und dem freundlichen Lächeln. Ich zweifelte, dass gerade so jemand zu einem Mädchen kommen würde, wie ich es war. Ich empfand mich als reizlos und unbedeutend und konnte nicht glauben, dass Franz Marc nicht auch eine schöne und aparte Frau suchte, wie es viele in München gab.

Es war natürlich auch durch meine ganze Malschule gegangen, dass er auf dem Bauernball nur mit mir getanzt hatte.

Aber, er hielt Wort und besuchte mich zur verabredeten Zeit in dem kleinen Zimmer, in dem ich damals lebte und das ihm nicht sonderlich gefiel. Ich war wiederum ganz tief berührt von seiner Art, von seinem ruhigen, liebevollen Wesen, von allem, was er sprach und wie er sprach. Es ging so viel Wärme von ihm aus, dazu ein unbeschreibliches Etwas, für das ich keine Worte finden kann, was mich aber ganz in seinen Bann zog. Er war so klug und gebildet, so gut, so menschlich, so beglückend, wie man sich wünscht, dass die Menschen sein sollten. Ich konnte ihm nicht viele Bilder von mir zeigen, weil ich in der Akademie des Künstlerinnen-Vereins zeichnete und zu Hause fast keine Arbeiten hatte.

Wir verabredeten dann eine Zeit, zu der ich ihn besuchen sollte, und er meinte, ich müsste ihn einmal zum Mittagessen abholen. Er sei zum Essen immer in einer kleinen Wirtschaft in der Nähe seines Ateliers. Die Wirtschaft hieße »Giselahof«. Es verkehrten ganz einfache Leute dort, meist Maurer und andere Handwerker. Aber die Wirtin sei sehr ordentlich, koche auch gut und sorge nett für ihn.

So ging ich eines Tages zu ihm hin, in sein Atelier. Denn auch ich war neugierig, etwas von seiner künstlerischen Tätigkeit zu sehen. Ich ging in allergrößter Spannung, voller Erwartung. Es gab an Malerei nicht viel zu sehen, ich erinnere mich kaum an etwas Besonderes, außer an ein paar kleine Sachen, die an der Wand hingen: ein paar Pferdestudien, ein mit Heu beladener

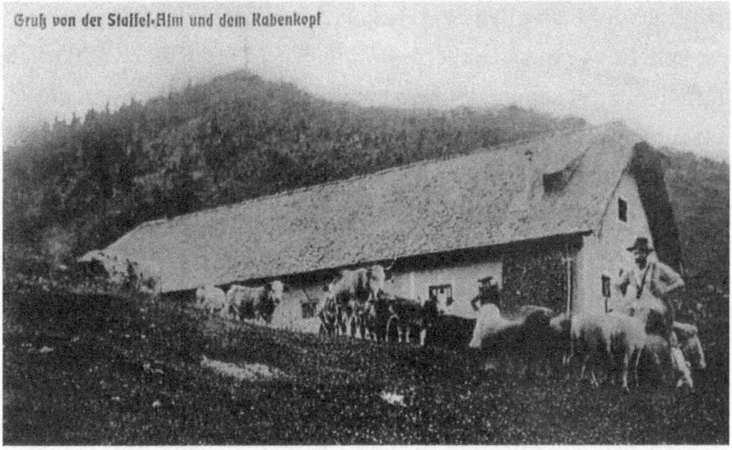


Historische Bildpostkarte Staffelalm

Wagen in der Sonne und kleine Almstudien – alles ohne eigene Note, wie es mir damals schien. Er erzählte mir von seinen Aufenthalten in den Bergen, von seinem Sennerfreund Hans Bacher und wie gern er sich auf der Staffelalm bei Kochel aufhielt und malte. Besonders freuten ihn die Schafe dort oben. Mir war auch gleich eine Plastik aufgefallen, eine Gruppe von Schafen, liegend und stehend aus getöntem Wachs modelliert, die mir einen großen Eindruck machte. Zwei der Tiere, angeschmiegt an den Erdboden, hatten einen so wunderbar ruhigen Ausdruck; nur liebevolle Versenkung in die Tierseele konnte diese Hingegebenheit wiedergeben. Es war eine kleine angefangene Arbeit, für eine Krippe gedacht, die im Format zu groß geraten war und nun unvollendet auf seinem Arbeitstisch stand. Ich war, wie gesagt, sehr neugierig zu ihm in sein Atelier gegangen und hatte überlegt, was ein Mensch, der so warm und liebevoll sprach, so viel kannte und wusste, wohl arbeiten würde? Instinktiv habe ich damals gewusst, wer so aussieht wie er, wer solche ausdrucksvollen Hände hat und diese kleinen Plastiken gemacht hat, der muss ein außergewöhnlicher Künstler sein oder werden. Wie richtig ich in dem Augenblick fühlte, das wusste ich nicht, aber ich ahnte auch nicht, welch schwerer Weg vor ihm, wie vor mir, lag – was für seelische Kämpfe

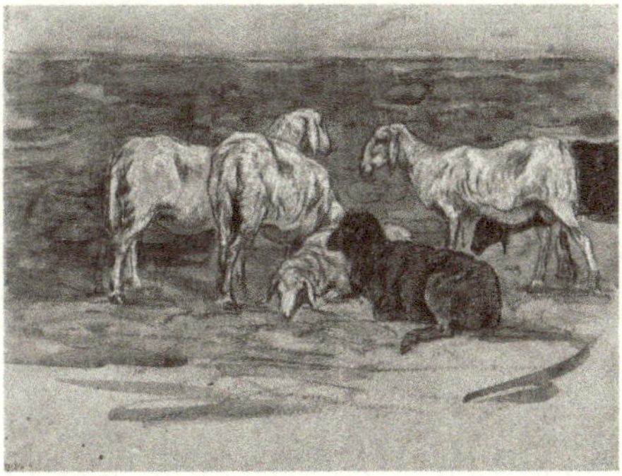

Franz Marc: *Schafgruppe* – Studie zur Plastik, um 1905

uns bevorstanden. Es war gut, dass wir es nicht wussten und dass sich alles Schritt für Schritt begeben musste auf unserem, durch vieles Leid und durch Enttäuschungen führenden Weg.

Er zeigte mir bei diesem ersten Besuch auch allerlei schöne Reproduktionen, italienische Kunst, französische Kunst, zum Beispiel die Chimären von Notre-Dame, und was ihn sonst noch freute. Dann gingen wir zum Mittagessen. Die kleine Vorstadtwirtschaft war mir wohl fremd, aber ich bin dann doch noch manchmal mit ihm dort gewesen, bis wir eine andere Möglichkeit fanden, die auch näher an meiner Wohnung gelegen war.

Es kamen nun schöne Wochen. Der Fasching gab uns noch manchmal Gelegenheit zum Tanzen; wir hatten es beide gern und tanzten gut zusammen. Er, namentlich, war ein ausgezeichneter Tänzer, sehr bewundert und begehrt. Ich bewunderte seine schwungvollen Bewegungen, und da auch ich nicht ungeschickt war, machte uns das Ganze viel Freude. Wir waren ja noch jung, und der schwingende Rhythmus eines Walzers oder Landlers hatte großen Reiz für uns beide.

So begann ein ganz verändertes Leben für mich, denn niemals zuvor war ich einem Mann von seinem Wesen begegnet, nie hatte mir jemand über das menschliche und künstlerische Leben so gesprochen. Ich fand in ihm alles, was ich so inbrünstig ersehnt hatte, und ich erkannte mit Klarheit: dass durch das Zusammensein mit einem solchen seltenen Menschen in mir alles Gute geweckt werden könnte. Aber ich ahnte auch die große Gefahr, in die ich mit Sicherheit hineinrannte, wenn unser Zusammengehen eine Episode bleiben müsste. Dass zwischen uns ein Lebensbund entstehen könnte, glaubte ich damals nicht, das konnte ich mir nicht vorstellen, weil ich wusste, wie unreif ich war, wenn ich auch alle Entfaltungsmöglichkeiten in mir spürte. Ich war dankbar, dass jede Regung einer intimen Annäherung zunächst gar nicht in Frage kam, und ich war stets ernsthaft bemüht, auch von mir aus eine Haltung zu bewahren, die dies nicht aufkommen ließ. Ich wünschte es sicher darum nicht, weil ich Angst davor hatte und wusste, dass ich völlig verloren sein würde. Ich war so töricht, mir etwas vorzumachen, denn zutiefst fühlte ich ganz genau, dass meine Liebe längst der Fall war und dass ich nie davon loskommen würde. Ein kleiner Lichtschimmer war doch da, und ich gab mich schließlich nur dem Augenblick hin und dachte nicht so, nicht so.

Dass unser Verhältnis in dieser ersten Zeit so rein blieb, dafür war ich Franz Marc dankbar, hatte ich doch übergenug von dieser Seite der Münchner Bohème gesehen und selbst erfahren.

Ich war in meinen freien Stunden viel in seinem Atelier, das ich ihm dann schön zu machen versuchte. Viel gearbeitet hat er in dieser Zeit nicht, aber sich in Gedanken mit allen möglichen Dingen auseinandergesetzt. An das, was er gerade malte, kann ich mich nicht mehr erinnern – außerdem war Fasching, und er wurde vielfach von Münchner Familien eingeladen. Auch wir tanzten noch einige Male zusammen und hatten viel Freude daran, trotz seiner Traurigkeit, die nur von momentaner Fröhlichkeit verdeckt wurde.

Eine ganz große Rolle spielte in seinen Erzählungen eine Reise nach Frankreich, zu der ihn ein Freund eingeladen hatte. Dieser sehr wohlhabende Freund besuchte mit ihm zusammen die Malklasse auf der Akademie in München und kannte ihn eigentlich nur flüchtig. Friedrich Lauer suchte einen anregenden

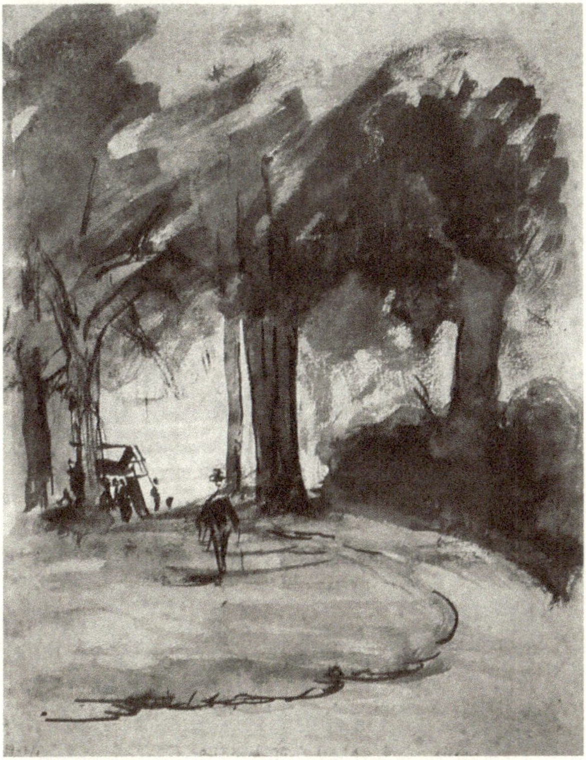

Franz Marc: *Landschaft mit Bäumen* (Park bei Paris), 1903

Reisebegleiter. Und da Franz Marc gut französisch sprach und auch durch sein Wesen und seine Bildung geeignet schien, fragte der Kommilitone ihn dann eines Tages, ob er mit ihm kommen wollte. Wie gern hat er eingewilligt!!! War er doch, bis auf einen Aufenthalt mit seinem Bruder in Italien, in jenen Jahren kaum aus München herausgekommen. Die Reise war im Jahre 1903. Sie hatte einen großen Einfluss auf seine künstlerische Entwicklung. Sie wurde in mehr als einer Weise für Franz Marc entscheidend. Ihr Verlauf war ein glücklicher, die beiden Kollegen verstanden sich ausgezeichnet. Es existieren wunderbare Briefe aus Paris und der Bretagne, die Franz Marc an seine Mutter in französischer Sprache geschrieben hat. Er liebte diese Sprache, und da sie die

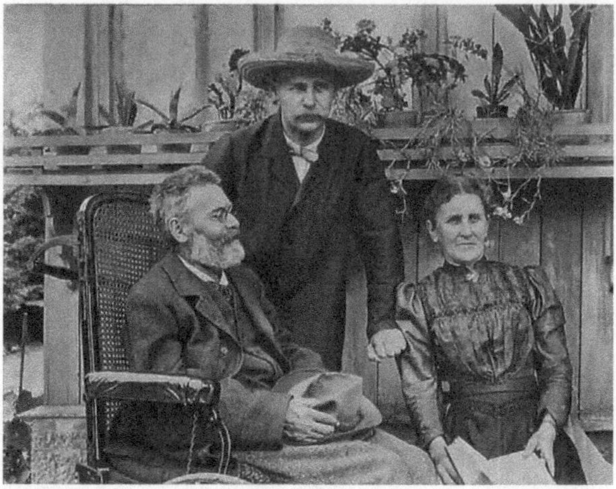

Paul Marc mit den Eltern,
um 1895

Sprache seiner Mutter war, schrieb er ihr aus Frankreich natürlich auf Französisch. Nach meinem Gefühl geben seine Briefe, die von einem erstaunlichen Verständnis und offenen Blick für die fremden Verhältnisse zeugen, viel Aufschluss über sein damaliges Wesen. Außer ein paar, allerdings sehr guten, Tuschezeichnungen und kleinen Ölskizzen aus der Bretagne ist nichts erhalten geblieben.

Ich erfuhr dann auch nach und nach Näheres über seine Familie. Er sprach immer mit großer Liebe und Rücksicht von seinen Eltern, erzählte von seinem [an Multipler Sklerose] erkrankten, gelähmten Vater, mit welcher Ergebenheit er sein schweres Schicksal trug und wie viel er ihm persönlich und geistig bedeutete. Wilhelm Marc, dieser fein empfindsame Maler, war Mittelpunkt der Familie, und es war eine sehr liebevolle Atmosphäre in seinem Elternhaus, wie ich später bei meinem ersten Besuche unvergesslich spürte. Von seiner Mutter sprach er mit großer Bewunderung, mit welcher Selbstlosigkeit und Hingabe sie den Vater pflegte. Auch von seinem Bruder Paul erzählte er mir, wie er ihn liebte, wie gut sie sich immer vertragen hätten und dass ich ihn und seine Frau

Helene bald einmal kennenlernen müsste. Dann sprach er von seiner Kindheit und der ursprünglichen Absicht, auf Wunsch der sehr religiösen, protestantischen Mutter Theologe, danach wie sein Bruder Philologe und schließlich wie sein Vater ein Künstler werden zu wollen. Der Vater war ursprünglich katholisch gewesen, aber zum Protestantismus übergetreten.

Er verabredete dann auch bald mit mir einen Tag, an dem wir zusammen mit Paul und Helene zu Mittag essen sollten. Sie waren beide sehr nett zu mir, und ich hatte sie auch gleich gern. Wir trafen uns manchmal in der nächsten Zeit.

In lieber Erinnerung ist mir ein Spaziergang mit Franz an einem Sonntagvormittag geblieben. Es war ein ruhiger Wintertag.

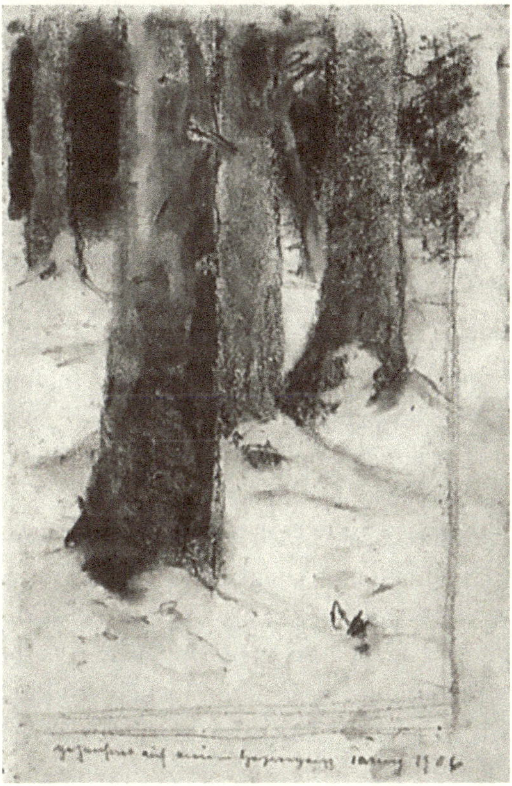

Franz Marc: *Fichtenstämme*. Handschriftlicher Vermerk »gezeichnet auf einem Spaziergang in Pasing 1906«

Wir fuhren vor die Stadt nach Pasing [wo Franz Marcs Eltern ein Haus besaßen] und gingen dort durch die stillen Wälder. Franz zeichnete ein kleines Stück Waldinneres mit Kreide in ein Skizzenbuch, das ich noch besitze.

Einmal schenkte er mir eine Photographie von sich, die mich sehr glücklich machte, ich habe sie oft und oft betrachtet, nicht nur in jener ersten Zeit, auch später, als wir uns viel näher gekommen waren. Sie hat mich beglückt, aber auch in gleicher Weise befremdet. Es war ein Ausdruck in seinem Gesicht, der mich erschreckte und den ich mir nicht zu deuten wusste. Es schien eine tiefe Melancholie darin zu liegen, ja mehr noch, er schien mir lebensfern, so als ob Franz wie in einem anderen Leben stünde – weit, weit fort und unerreichbar. Dieser Ausdruck, dieser Blick hat mich jedes Mal tief erschreckt, denn nachdem ich Franz immer näher kannte, bemerkte ich diesen Blick auch zuweilen im Leben. Es war mir schwer ums Herz, wenn ich ihn so sah; später habe ich mir gedacht, ob es ein Ausdruck war, der auf einen frühen Tod hindeutete. Es war mir so schmerzlich, dass ich es nicht jemals über mich brachte, mit ihm darüber zu sprechen, auch in der vertrautesten Zeit nicht. Es kam jedes Mal ein unheimliches Gefühl über mich. Merkwürdig war dieses Fernsein, als stünde er auf einer ganz anderen Ebene, von der mich eine tiefe Kluft trennte. Ich hatte die deutliche Empfindung, dass die Ursache für diesen lebensfernen Ausdruck nicht mit der Traurigkeit über die Trennung von seiner Freundin zusammenhing, sondern ahnte andere Ursachen für seine ihn oft überfallende Melancholie. Es lag ein schwerer Ernst auch in mir, und ich sah die ganze Situation, in die ich da – ohne meinen Willen – gestellt war und ohne dass ich das Geringste dazu getan hätte, von dunklen Wolken überschattet. Ich musste es ja spüren, dass er sich sehr zu mir hingezogen fühlte. Im tiefsten Grunde meiner Seele lebte die Gewissheit, dass mein Schicksal unlöslich mit dem seinen verbunden war.

An ein Fest erinnere ich mich ganz besonders. Eines Tages fragte er mich, ob ich ein nettes Ballkleid hätte, was leider nicht

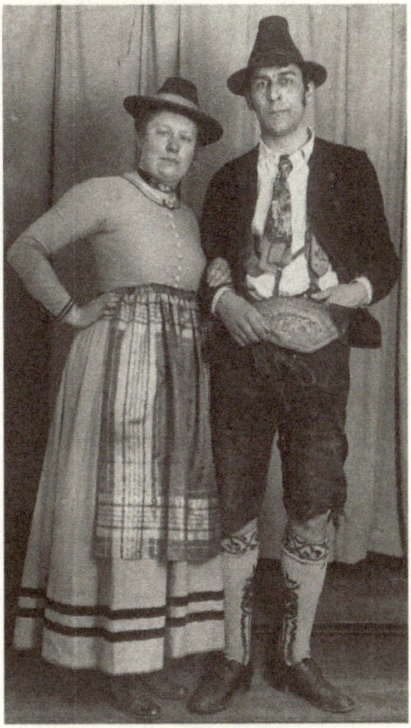

Maria Franck und Franz Marc
in bayerischer Tracht, 1906

der Fall war. Denn so elegante, aparte Kleider, wie ich sie gewünscht und gewollt hätte, bekam ich von meinen Eltern nicht bezahlt. So tanzte ich lieber in bäuerlicher Tracht, die gut zu mir passte und mir gut stand. Aber nun wollte er gern mit mir auf diesen Künstlerhaus-Ball gehen, zu dem alle die guten Münchner Künstlerfamilien kamen und wo man sehr gut angezogen sein musste. Da war guter Rat teuer! Eine Freundin borgte mir schließlich ein sehr einfaches Kleid, das mir weder gefiel noch stand. Marc fand es ganz nett und besorgte große Efeublätter. Ich musste mir die Blätter in seinem Atelier selbst aufnähen. Für den Kopf gab er mir ein wunderbares altes Diadem, ein echtes, wertvolles Biedermeierstück, das das Kleid für meinen Geschmack nicht schöner machte, im Gegenteil. Zu einem so hübschen Diadem hätte ein seidenes Kleid gehört. Was wollte ich aber machen?

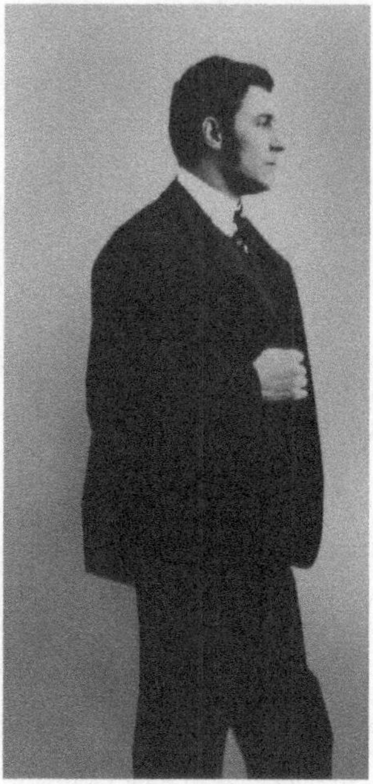

Franz Marc, 1906

Ich musste viel bei ihm sein. Marcs Wesen und diese scheue Zärtlichkeit taten mir so wohl. Und ich gab mich auch einem leisen Glücksgefühl hin, steckte aber doch auch den Kopf unter die Flügel, denn ich ahnte und fürchtete den Ausbruch einer leidenschaftlichen Liebe, die über mich kommen musste, die ich kommen sah – und was dann? Ich wusste ja von der Liebe zu seiner kranken Freundin, um die er furchtbar litt. Aber nun? Ich ließ mich halt treiben, wohin, das wollte ich gar nicht sehen! Ich empfand das Gefühl von Glück, obwohl ich ahnte, dass unsere Beziehungen nicht ganz klar waren und wir auch gar nicht voraussehen konnten, wohin sie eigentlich führen würden. Ich merkte, dass er sich nicht wirklich zu mir hingezogen fühlte. So liebevoll er war, äußerte sich dies weder in Verliebtheit, noch hatte unser Verhältnis etwas von einer Liebelei. Es war mir damals natürlich ganz unmöglich, sein Verhältnis zu Annette Simon zu übersehen und zu begreifen, ich kannte sie ja nicht einmal. Eine klare Entscheidung war nicht zu erwarten, und doch stand eine schicksalhafte

Bestimmung über uns, die uns zu belasten begann. Eigentlich war mir bewusst, dass dem nicht zu entrinnen war, was unaufhaltsam auf mich zukam. Einmal ersehnte ich es – dann wollte ich ihm persönlich entfliehen. Ich flüchtete mich in eine gesteigerte Zurückhaltung, fast in eine Abwehr hinein. Gleichzeitig fühlte ich in mir eine Liebe erwachen, deren Stärke und Gewalt ich ahnte, ohne mir eine Vorstellung ihrer Erfüllung machen zu können – und auch zu wollen. Ich machte mir wie gesagt allerhand vor und hatte den festen Willen, mich ernstlich allem zu widersetzen, was diese noch in mir ruhende Leidenschaft wecken konnte. Denn auch das wusste ich genau, dass ich Franz ganz verfallen musste, wenn ich einmal nachgab und ihm gehören würde. Ich machte mir weis, mich nicht in diese so aussichtslos scheinende Verbindung hineinstürzen zu wollen, und meinte, meine Zurückhaltung könnte mich vor dieser Liebe bewahren, die so schicksalhaft über mich kam. Es war ein schwerer Ernst in mir, und ich sah die ganze Situation, in die ich da, ohne meinen Willen, ohne dass ich das Geringste dazu getan hatte, gestellt war, von schweren Wolken überschattet.

Als ich eines Morgens in sein Atelier kam, sah ich auf seinem Schreibtisch – überrascht und entsetzt – einen sehr zierlichen Goldkäfer-Schuh* stehen!! Das war ein schrecklicher Augenblick für mich, ich sah wieder alles um mich versinken, und alle Freude war fort. So sehr ich mir Mühe gab, mir meine Enttäuschung nicht anmerken zu lassen, bemerkte er sie natürlich doch, wie er mir später erzählte. Er zeigte mir nun den Schuh extra und erklärte mir, dass er am Abend vorher in einer Privatgesellschaft gewesen und gebeten worden war, die Schwester der Hausfrau nach Hause zu bringen. Sie nahmen eine Droschke, und er brachte die Dame heim. Als er in den Wagen zurückkam, stieß er mit dem Fuß an etwas – und fand den Schuh! Woran er viel Spaß hatte. Es war ja auch wirklich eine originelle Art, eine Annäherung anzubahnen. Wir gingen dann zusammen in die Stadt, wo er wunderbare Veilchen kaufte, mit denen er den Schuh füllte und

* Aus vergoldetem Leder hergestellter und mit Strass besetzter Damenschuh

zurückbringen ließ. Ich aber bekam ein reizendes Väschen, in das hinein auch Veilchen gestellt wurden, von ihm geschenkt. So war ich wieder getröstet. Aber es kam doch noch ein Kummer, denn er erzählte mir, dass er auch gebeten worden war, die Dame auf den Künstlerhaus-Ball zu begleiten! Und nicht nur das, er musste sie auch abholen und mit ihr zusammen hingehen, dazu war er gesellschaftlich verpflichtet. Nun, das machte mich natürlich traurig, denn ich sollte allein hinkommen, und wir würden nicht für uns allein sein, sondern zu dritt. Das machte mir gar keine Freude. Ich hatte ja nicht einmal ein schönes Kleid und fühlte mich recht unbehaglich bei dem Gedanken an dieses Fest. Dennoch kam der Abend, ich trödelte in meinem Stübchen ewig herum, bis ich endlich einmal fertig wurde. Ich hatte keine Eile hinzukommen und ging dann auch sehr spät allein durch die Straßen zum Künstlerhaus. In dem Augenblick, als ich eintraf, wurde gerade eine Française getanzt, alles war im höchsten Gange – Musik, Lustigkeit, Geschrei –, sodass ich am liebsten umgekehrt wäre. Kein Mensch war mir in dieser Gesellschaft bekannt, die, wie schon gesagt, aus den guten Künstlerfamilien Münchens bestand, in die ich an sich nicht hineingehörte. So ging ich dann befangen nach oben zu dem großen Saal. Mir stand das Herz still, als ich Franz erblickte, der im Frack tadellos aussah, an seiner Seite eine reizende, sehr pikante, interessante, elegante und hübsche Frau in einer wunderbaren Pariser Toilette. Ich hätte in den Boden versinken mögen. Wie unmöglich kam ich mir in meinem simplen Kleid mit den Efeublättern vor, das mir gar nicht stand und höchst unelegant aussah!! Am liebsten wäre ich umgekehrt! Er aber hatte mich schon erblickt und: ließ seine Dame einfach stehen, um mich hereinzuholen und mich an einen Platz zu geleiten, auf dem ich das Ende des Tanzes abwarten sollte. Ich lernte dann die Dame kennen, die sehr liebenswürdig und gewandt war, aber doch ihre Enttäuschung über das Dreieck – das sich an diesem Abend, an den sie, so schien es, auch allerhand Hoffnung geknüpft hatte, nun ergab – nicht ganz verbergen konnte. Der Abend wurde dann noch ganz nett, wenn auch anders, als ich ihn gewünscht hätte und als wir beiden Frauen

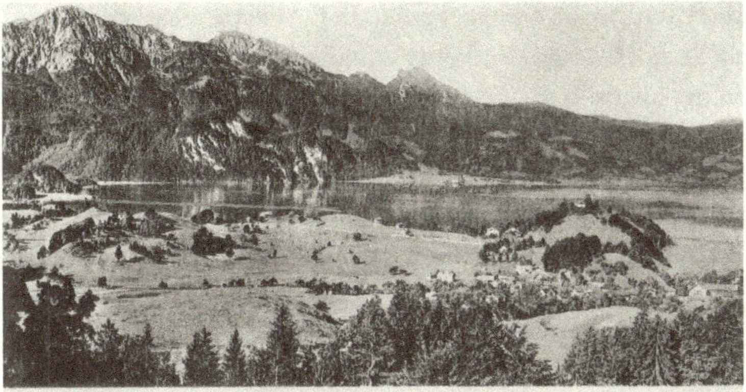

Gruss aus Kochel a. See!

ihn uns sicher vorgestellt hatten. Er tanzte viel mit mir, und wir saßen oft lange Zeit allein in einem stillen Winkel, weil die Dame sehr schnell einen anderen Verehrer fand, der nicht von ihrer Seite wich. Marc machte so etwas nichts aus, er blieb immer Herr der Situation und amüsierte sich höchstens köstlich dabei. Kleinliche Regungen existierten nicht für ihn, sein wirklicher Schmerz und Kummer, den er trug, lag in einem anderen Bereich. Es gab im Laufe der Zeit noch manches Mal »Begegnungen« mit der Dame, doch sie war klug und gebildet genug, eine nette Form zu finden, obwohl sie schwer verliebt in ihn war.

Die leichte Zeit des Münchner Faschings ging zu Ende, und Franz äußerte die Absicht, an den letzten Faschingstagen – am Samstag vor Faschingssonntag – von dem Münchner Trubel fortzugehen, nach Kochel, zum Malen in den Schnee hinauszufahren – und ich sollte natürlich mit ihm kommen. Das war freilich sehr verlockend, drohte aber meine Vernunftabsichten über den Haufen zu werfen. Und doch fuhr ich mit ihm aufs Land – was sollte ich auch machen?

Es hatte sich in der letzten Zeit manches Unausgesprochene zwischen uns angestaut, das uns mitunter die anfängliche Unbefangenheit nahm. Zu irgendeiner Aussprache war gar keine Veranlassung, auch kein greifbarer Grund. Ich wusste, dass er von der Liebe zu seiner Freundin nicht freikam, und spürte andererseits seine wachsende Zuneigung zu mir. Eine klare Entscheidung war nicht zu erwarten. Und doch stand eine schicksalhafte Bestimmung über uns, die uns zu belasten begann. Nun waren wir in Kochel auf uns allein angewiesen, ohne die gewohnte Umgebung, in der wir seit dem Anfang unserer freundschaftlichen Beziehungen gelebt hatten.

Ach, diese Fahrt! Ich war so aufgeregt, so voller Zweifel, ob ich mich in diese – mir ganz aussichtslos erscheinende Verbindung hineinstürzen sollte. Die Fahrt wurde seltsam erregend, wir fuhren die ganze Zeit allein im Zugabteil, er war sehr lieb und wollte mich streicheln, und ich wollte es doch nicht, ich hatte Angst vor allem, was ich dumpf ahnte. Ich wollte den reinen Zustand mir halten und fürchtete ihn, den Mann, zu verlieren, wenn ich nachgab, und auch, wenn ich es nicht tun würde. Ich wusste nicht, was tun, und wehrte dann ziemlich schroff seine zaghaften Zärtlichkeiten ab, sodass er ganz schweigsam wurde und betroffen dasaß. Mir tat es im Grunde so leid, so leid, dass ich nicht lieb gewesen war. So blieb es still zwischen uns, bis wir in Kochel ausstiegen.

Wir kamen am späten Nachmittag dort an, gingen in das Gasthaus zur Post, nahmen unsere Zimmer und machten dann einen Spaziergang in tiefem Schnee und grauer Dämmerung. Ich sehe und fühle uns noch die Landstraße entlangwandern! Er ging traurig und schweigsam an meiner Seite. Ich sah von Zeit zu Zeit scheu zu ihm auf, bereute bitter meine Schroffheit und fühlte mich tieftraurig und unglücklich. Die Stimmung in der Landschaft übertraf an Melancholie noch die unsere, sie lag in tiefer Schwermut – Berge, Bäume, Häuser, alles stand in dunkel schwarz-brauner Farbe auf dem Schnee. Franz fing schließlich an, so schön von den Bäumen zu sprechen, von ihrem Schicksal, das man an den ausdrucksvollen Bewegungen ihrer Äste ablesen könnte. Die Äste, die sich oft qualvoll winden, allen Stürmen ausgesetzt, und die doch standhalten müssten, ohne den Schicksalsstürmen entgehen zu können. Nie werde ich diese Stunde tiefster Wehmut vergessen. Ich hätte

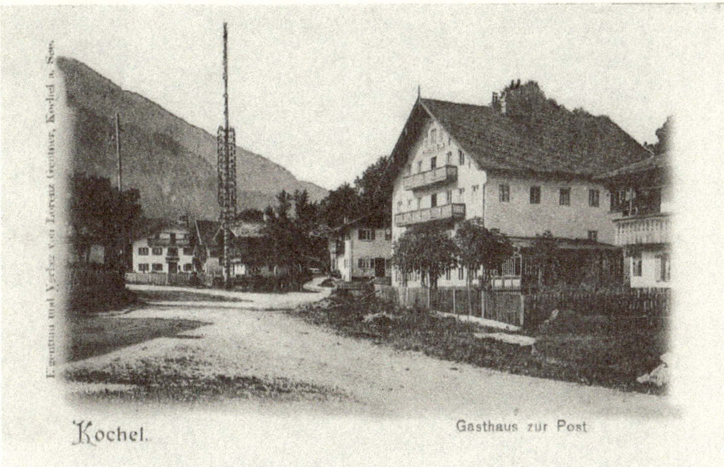


Historische Bildpostkarte Gasthaus zur Post in Kochel

ihn am liebsten gestreichelt und um Verzeihung gebeten, wagte es aber nicht.

Wir besuchten am Abend in Kochel noch meinen ehemaligen Freund. Er hatte es sich einfallen lassen, ausgerechnet in diesen Tagen ebenfalls nach Kochel zu fahren. Marc war ganz ahnungslos und wusste nichts von dem, was sich zwischen diesem Mann und mir in dem Jahr vorher abgespielt hatte. Die Geschichte von damals war immer noch nicht ganz zu Ende, wie ich nachher merkte, trotzdem eigentlich eine endgültige Trennung vollzogen war und von meiner Seite nur mehr ein ehrliches menschliches Interesse sich erhalten hatte. Diese Beziehung gehörte für mich völlig der Vergangenheit an. Von der anderen Seite war dies nicht ganz der Fall, wie sich in Kochel herausstellte. Da Franz ihn kannte, ohne von seiner Beziehung zu mir etwas zu wissen, hatte er schon in München den Vorschlag gemacht, dass wir am Abend in Kochel zusammen sein wollten. Die ganze Begegnung war sehr unerquicklich und für mich ganz schwierig, und sie endete mit einer brutalen Äußerung dieses Freundes zu mir, die Franz sehr betroffen machte und ihm den Zusammenhang verriet, in dem wir einmal gestanden hatten. Es war am

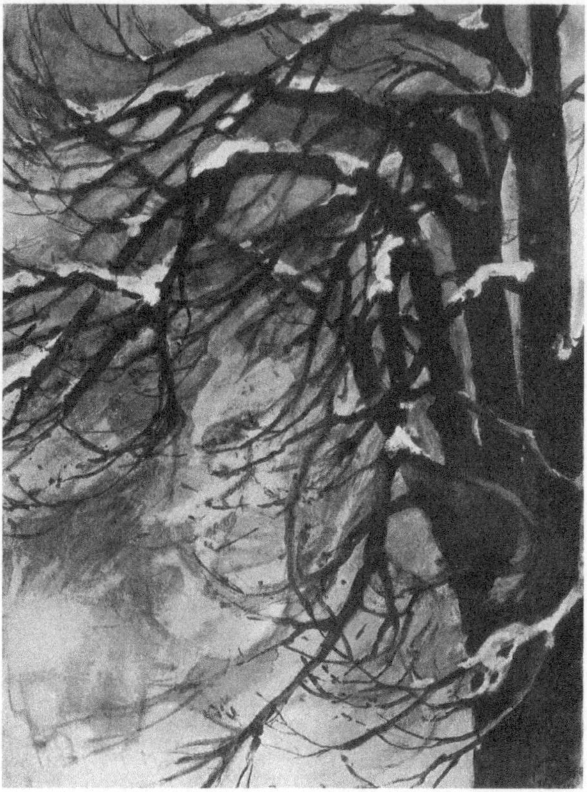

Franz Marc: *Beschneite Äste* (Baum im Schnee), Kochel 1906

Tage der Abreise dieses Freundes, den wir auf die Bahn begleiteten. Franz konnte sich gar nicht über dessen Äußerung, die zuvor in seiner Gegenwart gefallen war, beruhigen, und auch ich war verstört und niedergedrückt. Wir gingen ganz erregt in unseren Gasthof zurück. Ich sehe uns noch, es war in meinem kleinen Zimmerchen, ich lag völlig erschöpft von all den Spannungen auf einem alten Diwan, Franz saß am Fenster und machte eine farbige aquarellierte Zeichnung von den Ästen der großen Kastanienbäume im Schnee, die vor dem Fenster standen. Er setzte sich dann schließlich zu mir und fing an, mir abermals von seinem Leben und seiner Liebe zu Annette Simon zu sprechen und wie er an dieser unerlaubten Liebe zu einer verheirateten Frau zu zerbrechen drohe. Ich weinte und weinte fassungslos und war tief erschüttert. Und er sagte mir, dass seine Freundin es wollte, dass sie sich trennen, und sie es wünschte, er sollte sich eine andere Gefährtin suchen und finden, und dass sie von mir wüsste. Und dass er so viel Scheu hätte, mich zu sich zu nehmen, weil er fürchtete, mich viel leiden zu machen – so wie alles, was in seine Nähe käme, leiden müsste. Ich konnte es gar nicht verstehen, dass er davon sprach, die Menschen leiden zu machen – er, der mit einem so großen inneren Reichtum begabt war. Und noch während er sprach, wusste ich mehr als zuvor, wie sehr ich ihn liebte, und immer würde lieben müssen, allen Widerständen zum Trotz. Ich wusste auch, dass ich ihm gehören würde, wie er es wollte. Ich fühlte das Schicksal, vor dem es kein Entrinnen gab. Ich nahm alles in mich auf, was er mir erzählte, und bewahrte es als eine Tatsache, die zu seinem Leben gehörte, in meinem Herzen.

Ich bin niemals, auch später nicht, auf diese Liebe zu Annette Simon eifersüchtig gewesen, die ganz anders geartet war, als dass sie für ihn zu einer vollen Beglückung hätte führen können. Wie bei ihm drängten auch in mir so viele künstlerische und seelische Kräfte, die noch dumpf waren und zur Entfaltung kommen wollten. Darum hätte ich nie ganz glücklich werden können, wenn ich nur als Frau geliebt und genommen worden wäre und nicht in erster Linie als Mensch. Ob bei ihm diese erste romantische und jugendliche Liebe so stark geblieben wäre, um ein ganzes Leben durchzuhalten, nachdem in ihm die starke schöpferische Kraft durchgebrochen war? Wie will ich es sagen? In jenen ersten Kocheler Tagen wussten wir nichts davon.

Aber es begann sich in die Reinheit der ersten Wochen unserer Freundschaft etwas hineinzudrängen, was wirklich Bedrängnis werden sollte, um schließlich im Laufe des folgenden Jahres als ungeahnte Not über uns zu kommen. Wenn auch jene ersten Stunden vertraulicher Annäherung noch immer unter dem Einfluss großer Traurigkeit standen, so trat doch zwischen uns eine Befreiung und Entspannung ein, die uns zusammenbrachte. Vor allem tat die Offenheit wohl, mit der wir gegenseitig von dem, was hinter uns lag, gesprochen hatten. Denn auch ich erzählte Franz rückhaltlos von meinen enttäuschenden Erlebnissen.

Wie ich es heute erkenne, hat ihn damals nicht allein der Versuch der Loslösung von seiner Freundin so stark ergriffen und verwirrt. Er selber stand in einer schweren Lebenskrise, die notwendig war, um ihn zu verwandeln – wenn ihm dies auch unbewusst blieb. Er brauchte diese außergewöhnliche Erschütterung, die ihn noch lange Zeit belasten sollte. Nur eine Rückschau erlaubt diese Betrachtungen.

Die Tage in Kochel wurden dann noch sehr schön. Er malte mich draußen im tiefen Schnee, wir gingen spazieren, fuhren im Schlitten zum Walchensee über den schönen Kesselberg, und ich erlebte zum ersten Mal einen richtigen Winter auf dem Lande und in den Bergen. Ich sehe uns noch in der alten Wirtsstube unten sitzen, am Abend und am Morgen zum Frühstück; wir saßen in einer Art Nische, die von der großen Wirtsstube abgeteilt war. Ich fühlte mich sehr befangen in dieser Umgebung und zwischen den anderen Gästen, mit Franz allein war es nicht so. Bei allem Glück und allem Schönen, das sich vor mir auftat, fühlte ich doch eine dumpfe Schwere über mir, und ich sah in die Zukunft, wie in eine schwarze Ferne.

Nach unserer Rückkehr ins Münchner Atelier gab es auch schöne Stunden voller Liebe und Glück – aber nie ohne Schwermut. Noch ein zweites Mal gingen wir nach Kochel hinaus in diesem Winter, der aber auch draußen, trotz meterhohem Schnee, schon in der Auflösung begriffen war. Es tropfte in der Mittagsstunde von den Dächern. Den Dachrinnen entströmten richtige Bäche, die glucksend und murmelnd in der warmen Sonne die Wege entlangliefen. Nie hatte ich das erlebt, dieses »Sich-verströmen-Lassen«, dieses Auflösen und diese Hingabe an die Natur. Es erweckte ungeahnte Empfindungen in mir, die so wunderbar gut taten. Ach, diese Erlösung aus der Starre mitzuerleben und mitzuempfinden – wie sich dadurch in mir selber vieles löste und fortgeschwemmt wurde! Ich erlebte diese Tage mit einer gesteigerten Intensität, wie ich sie bisher nie in meinem Leben gekannt hatte – und meine Liebe wurde immer größer und stärker. Auch Franz Marc war in diesen Märztagen etwas gelöster und fröhlicher; ich musste mit ihm durch den tiefen Schnee hinauf auf die Kocheler Hügel. Oben angekommen, nahm er mich fest bei der Hand und lief in großen Sprüngen mit mir hinunter – ich musste mit durch dick und dünn, wie später so oft im Leben. In der Erinnerung erscheint mir dieses fröhliche Spiel wie ein Symbol meiner Liebe. Wir waren wirklich vertraut miteinander, und ich konnte mich froher und sorgloser und unbeschwerter diesem Zusammensein hingeben. Franz brachte auch von diesem Ausflug ein paar gute kleine Ölskizzen mit heim.

Nach unserer diesmaligen Rückkehr nach München suchten wir ein Zimmer für mich in seiner Nähe. Er hatte ja eine nette Atelierwohnung in der Kaulbachstraße. Wir fanden ein kleines Zimmerchen, ein paar Häuser davon entfernt, und ich war sehr viel bei ihm. Auch ein Klavier konnte ich mieten, das in seinem Atelier aufgestellt wurde, und ich musste oft darauf spielen, vor allem immer wieder ein paar von den kleinen Beethoven-Sonaten.

An einem Frühlingsmorgen kam seine Freundin Annette Simon ins Atelier von Franz. Ich stand dieser Frau plötzlich gegenüber und empfand sofort den großen persönlichen Zauber, der von ihr ausging, aber auch eine kaum zu beschreibende Verschiedenheit. Sie war so klein und zart, als Erscheinung genau das Gegenteil von mir. Ja, so kam mir in den Sinn: Wer und was war ich überhaupt? Ich habe mich das damals ernstlich gefragt. Wir begegneten uns zum ersten Mal – ein seltsamer Augenblick. Die beiden eigenartigen Menschen schienen mir so überlegen, wie sollte ich da bestehen? Ich konnte es wohl begreifen, dass Franz sie liebte. Sie lebte in einer selbstgeschaffenen Welt, hörte durch ein Ohrenleiden fast nichts und erfuhr nur durch das, was man zu ihr persönlich sprach, was vor sich ging. Man konnte sie in einem bestimmten Sinne etwas begrenzt nennen, aber innerhalb dieser

Grenzen einen reichen Menschen, auch künstlerisch begabt. Sie malte ebenfalls und kam aus einem kultivierten, gebildeten Milieu. Sie liebte Franz auf eine empfindsame Art, denn sie lebte in der Welt der Romantiker, liebte Liebeslieder und Gedichte, die sie viel zitierte. In ihren Briefen, den schmerzlichen, klagte sie immer in Zitaten. An Jahren älter als er, gesundheitlich elend, fühlte sie wohl tatsächlich in ihrer Klugheit, dass er eine andere Gefährtin brauchen würde. Er war doch noch sehr jung, stand noch am Anfang seines Lebensweges, während sie verheiratet war und auch kleine Kinder hatte, die die Mutter brauchten. Sie war klug genug, um zu ahnen und vorauszusehen, dass der Tag hatte kommen müssen, an dem sie ihn verlieren würde. In der Zeit ihres engen Zusammenseins war für Franz die Liebe zu Annette sein einziger Lebensinhalt; das konnte aber nie und nimmer so bleiben. Er sollte ein ganzer Mensch werden, in dessen Existenz alles andere mit eingeschlossen war. Er brauchte einen entwicklungsfähigen Menschen neben sich, der ihm folgte, wohin er wollte und musste. Der Schmerz und das Leid wurden groß und schwer, er hat es durchlebt und durchlitten, bis zum Äußersten. Es war eine weise Fügung, die ihm diese Prüfung brachte; er brauchte eine ganz starke innere Erschütterung, um in sich den Weg frei zu machen für all das, was kommen sollte, um der schöpferischen Kraft Raum zu verschaffen zur ungehinderten Entfaltung – ungehindert von jeder Sentimentalität.

Sentimentalität spricht aus einer Auswahl von Gedichten, die Annette zusammengestellt hatte, damit Franz sie illustrierte. Ewige Klage vom Vergehen, niemals von der Zukunft. Mit dem Illustrieren hatte er begonnen, aber noch nicht die rechte Art gefunden. Die Bilder wurden sehr unterschiedlich bis auf eines, das sehr schön die Stimmung eines der Gedichte wiedergab. Tatsächlich gibt es aus seiner Jugendzeit auch neben manchen wenig befriedigenden Zeichnungen plötzlich irgendeine außergewöhnlich gute, die seiner eigentlichen Begabung entsprach, sodass man sich gar nicht vorstellen kann, warum die anderen Arbeiten nicht ebenso erfreulich waren. So verhielt es sich auch mit seinem Beitrag zu

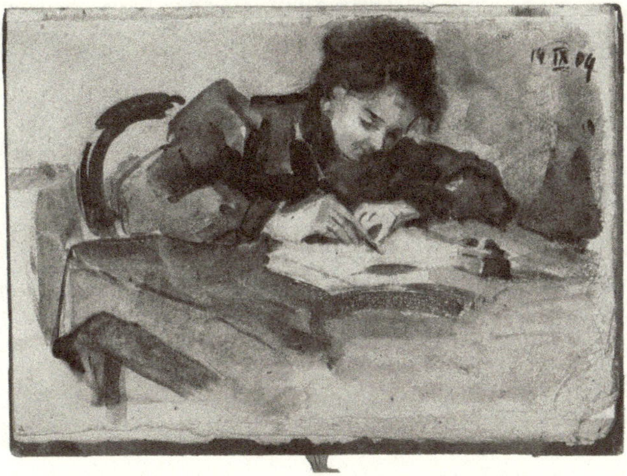


Franz Marc: *Annette am Schreibtisch* »14. IX. 04«

jener Anthologie* – die er damals nicht abschloss, sondern erst viel später ergänzte, als wir näher zusammenlebten. Ich kann mich erinnern, dass er nur ungern und nur um sein Versprechen zu halten, die Arbeit an den insgesamt siebzehn Illustrationen beendete. Merkwürdig war, dass ich nie ein Gefühl der Eifersucht Frau Simon – oder wie wir sie nannten, der Annette – gegenüber empfunden habe. Franz Marcs leidenschaftliches Liebeserlebnis mit ihr gehörte zu seinem Dasein, und ich weiß nicht, woher ich jenes Gefühl der Sicherheit bekam, dass ein Abschluss dieses Teils seines Lebens eingetreten war, den man nicht ungeschehen machen konnte. Wohin alles führen sollte, war mir allerdings unklarer denn je. Ich konnte noch immer nichts anderes tun, als mich treiben zu lassen, ohne zu schauen, wohin. Neben aller Liebessehnsucht lebte, immer stärker werdend, ein unbezwingbares Verlangen und Sehnen in mir, meine künstlerische Begabung, die ich spürte, zu entwickeln, um dadurch menschlich weiterzukommen und etwas zu leisten.

* Die Anthologie *Stella Peregrina* (frei übersetzt Wandelstern) ging erst 1917 in Druck. Ihr Titel bezieht sich auf ein von Annette Simon ausgewähltes Poem des Dichters Emil von Schoenaich-Carolath.

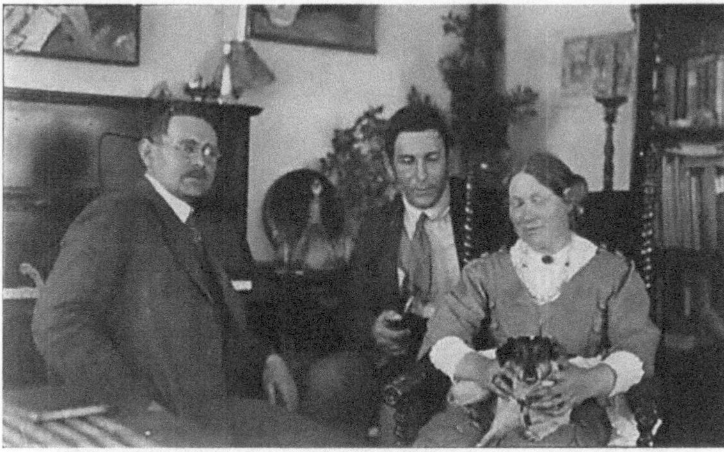

Maria Franck und Franz Marc mit Paul Marc in dessen Wohnung

Manchmal sind wir der Annette in der Stadt begegnet, das war immer traurig und schwer, diese kranke Frau zu sehen, wie sie dahinschlich. Welche Qual mögen diese Begegnungen für sie gewesen sein.

Aber Franz ging es ja auch nicht gut, er litt, wie schon gesagt, sehr unter dem ganzen Zustand. Seine Familie empfand es deshalb als eine willkommene Erleichterung, dass sein Bruder Dr. Paul Marc [als wissenschaftlich arbeitender Byzantinist] den Auftrag erhalten hatte, in den Bibliotheken der alten Klöster auf dem heiligen Berg Athos Handschriften zu photographieren, den Wunsch aussprach, ihn als Helfer mitzunehmen. Die Vorbereitungen nahmen uns in Anspruch, und ich kam auf diese Weise mit seinem Bruder und dessen Frau noch näher zusammen, was mich recht freute.

Die Bewilligung wurde wirklich erteilt, und so fuhren die beiden Brüder im April 1906 auf den heiligen Berg Athos. Der Aufenthalt in dem fremdartigen Orient versprach viel Zerstreuung und neue Anregung für Franz, sodass man hoffen konnte, er würde seine Niedergeschlagenheit überwinden. Leider sollte diese Reise, vorweg gesagt, die in sie gesetzte Erwartung nicht erfüllen. Franz kehrte kaum verändert zurück. Nach alledem, was geschehen war – sowohl die nie ganz vollzogene Trennung von Annette als auch das Zusammenleben mit mir –, musste jedoch eine Veränderung kommen.

Vorerst war ich allein, teils in meinem kleinen Zimmer oder in seinem Atelier, wo ich den größten Teil des Tages verbrachte, wenn ich nicht in der Malschule war. Während der Abwesenheit von Franz hatten wir beiden Frauen je einen Schlüssel zu seinem Atelier. Ich lebte viel in dem mir lieb und vertraut gewordenen Raum. Annette kam, um Briefe, die er für sie an seine Adresse schrieb, abzuholen. Wir sind uns in diesen sieben Wochen seltsamerweise nicht einmal begegnet.

Pauls Ehefrau war in der Zeit unseres Alleinseins sehr lieb mit mir. Wir haben uns gegenseitig besucht. Sie machte sogar den Vorschlag, dass wir gemeinsam einen mehrtägigen Ausflug in die weitere Umgebung Münchens unternehmen sollten, was wir dann auch ausführten. Unser Ziel war die Weihermühle nahe der Ortschaft Ascholding mit Gastwirtschaft und Fremdenzimmern. Das waren nette Tage, Helene war wirklich ein guter Kamerad.

Die Briefe, die Franz mir vom Athos schrieb, klangen um nichts froher oder erlöster, sie waren von Traurigkeit und Melancholie erfüllt. Ich litt viel und schwer um ihn. Ich wusste nicht, wie ich ihm helfen sollte. Ich wusste nur, dass ich ihn unsagbar liebte. Wie sollte es weitergehen? Ausdenken konnte ich es mir nicht. Wie sollte ich weiterkommen, wie ihm auch nur ein wenig ebenbürtig werden? Wer oder was konnte mir dazu verhelfen? Ich wusste es nicht.

Inzwischen war Marie Schnür aus Paris nach München zurückgekommen – vielleicht schon vor der Abreise von Franz zum Athos. Sie wollte mich, so schien es mir, nicht besuchen, was ich bedauerte. Ich kannte mich nicht mehr mit ihr aus, merkte nur, dass sie sich von mir fernhalten wollte.

Die Tage des Alleinseins wurden für mich schwer und machten mich sehr sehnsüchtig. Wie ersehnte ich Franz' Gegenwart. Wie sollte ich es mir vorstellen, jemals wieder ohne ihn leben zu müssen? Aber die Wochen vergingen, und er kehrte heim. Ich hatte zum Empfang das Atelier schön geschmückt und ein nettes Frühstück bereitet. Helene und ich gingen miteinander an die Bahn, um die beiden Brüder zu erwarten. Die Rückkehr war schön, Franz war wieder da, er freute sich auf sein Atelier.

In den ersten Tagen traten alle Sorgen zurück, man freute sich und fühlte, dass man zusammengehörte. Anregung hatte ihm die Berührung mit dem Orient sicher gebracht. Er schilderte in seinen Erzählungen das Leben dort und alle neuen Eindrücke – vor allem auch die fremdartige Natur mit ihrem frühlingsstarken Blühen. Er hat sich dann auf seine Arbeit gestürzt, es gab für ihn nur seine Malerei. Auf der Athos-Reise hatte er nicht viel getan. Er brachte nur einige interessante Bleistiftskizzen mit, darunter zwei Motive, die ihn besonders angezogen hatten. Das waren Elefanten und Hengste, die zu einem reisenden Zirkus gehörten, der dasselbe Schiff benutzte, auf dem auch Franz und sein Bruder das Meer überquerten. Dadurch hat ihm die Rückfahrt viel Spaß gemacht, und er fing in München zwei große Zeichnungen mit diesen Motiven an, die er aber leider später zerstörte.

Er machte auch bald Pläne für den Sommer des Jahres und beschloss, nach Kochel zu gehen. Wir fuhren einmal hinaus und fanden eine passende und angenehme Wohnung beim Wagnermeister Anton Heinritzi und seiner guten Frau. Die Arbeit war für Franz das A und O, um das sich alles drehte, er suchte und suchte und ging in jener Zeit oft zu Marie Schnür. Sie stand sicher und überlegen in ihrer Malerei, die er zwar bewunderte, aber schon damals etwas kritisch betrachtete und als zu schönfarbig und gefällig eher abzulehnen als anzuerkennen pflegte. Auch ein ganz großes Stillleben, das Schnür in Arbeit hatte, gefiel ihm nicht so, wie sie es machte; auch dem ganzen Aufbau, den sie aus Tassen, Tellern etc. mit Goldverzierung vor sich aufgestellt hatte und den sie nun naturalistisch zu malen versuchte, stand er skeptisch gegenüber.

Franz hatte aber den Wunsch, Schnür möchte zu uns hinaus nach Kochel kommen. Er erwartete sich Anregung durch sie und

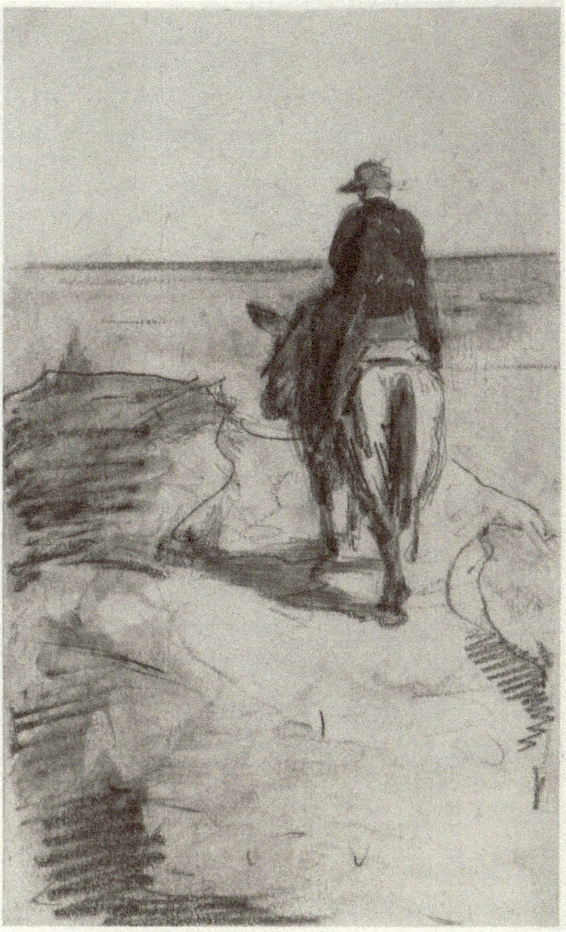

Franz Marc: *Der Bruder auf dem Maultier,*
Griechenland 1906

hat wohl auch das völlige Alleinsein mit mir gefürchtet, wie ich es selber auch tat, trotz aller Sehnsucht, die Zeit ungestört mit ihm zu verbringen. Nur fühlte ich mich kraftlos und schwach und der ausschließlichen Zweisamkeit durchaus nicht gewachsen. Außerdem ließ ihn das Verlangen nach seiner Freundin Annette nicht los. Daneben sah er mich, die es in gleicher Weise zu *ihm* hinzog, und geriet dadurch in eine schwere Gewissensqual; denn ich war ja nicht irgendeine kleine Malerin, ein kleines Mädchen, das man

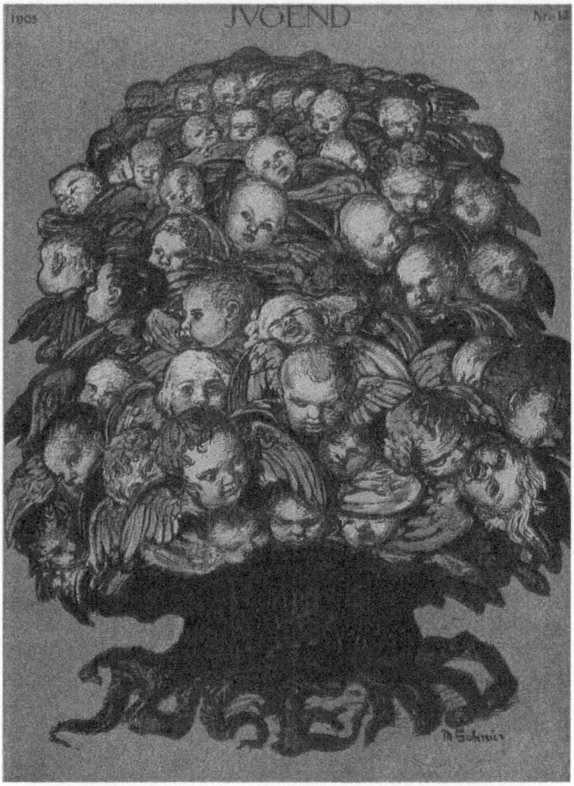


Marie Schnür: Zeichnung Titelbild *Jugend,* 1905, Heft 12

nach Gefallen holen und fortschicken konnte. Und das Seltsame war, dass er mich gar nicht fortschicken *wollte*, sondern dass er – im Gegenteil – wünschte, auch ich sollte bei ihm sein. Auf alle Fälle war es ihm unheimlich, als wir uns nun in Kochel zunächst einmal allein gegenübersaßen.

Schließlich war es auch mir erwünscht, es wäre noch ein anderer Mensch bei uns draußen. Ich habe ihm sehr zugeredet, dass Schnür kommen sollte. Mit der Zeit wünschte ich noch viel mehr, vor allem für ihn, dass sie käme, ihrer stillen Sicherheit willen, und weil er auch glaubte, dass sie ihm in der Arbeit viel sein könnte. Sie hatte ja schon ein ganzes Werk hinter sich, hatte große fertige Bilder gemalt, war Mitarbeiterin in der Zeitschrift

»Jugend«, befreundet mit Angelo Jank, Max Feldbauer, Ludwig Herterich, alles Maler mit Namen im damaligen München. Und sie selber hatte auch einen Namen, verfügte über ein sehr respektables Können.

Franz und ich waren im Mai hinaus nach Kochel gezogen. Schnür kam etwas später. Er war ganz erfüllt von Plänen, stand früh auf und ging gleich hinauf auf die bergige Weide hinter unserem Hause, zeichnend, beobachtend, die Kühe, die Pferde, die er so liebte. Oftmals ging ich mit ihm, es war so schön, zu fühlen, wie er eins war mit der Natur, wie er die Tiere verstand. Noch früher am Morgen hörten wir schon das Läuten der Kuhglocken, das ihn immer froh stimmen konnte und das einen heimatlichen Klang für ihn hatte. Er sagte oft, dass auch ich das alles einmal so lieben müsste, wie er es tat. So war es oft liebevoll und ruhig zwischen uns, zugleich hatte dieses Alleinsein – wie vorhergesehen – etwas Beängstigendes.

Dazu gab es viel kühles, regnerisches Wetter, das uns zwang, in den kleinen Gästezimmern zu bleiben, und das die ohnedies melancholische Gegend bis zur Unerträglichkeit bedrückend machte. Das Herz drohte mir manchmal zu zerspringen vor Weh und einem dumpfen Druck. Wie oft bekam ich es mit der Angst zu tun, Franz würde ernstlich krank, gemütskrank, und dann saß ich so hilflos da und wusste nicht aus noch ein: wahrlich keine beglückende und helfende Gesellschaft. Damals hatte das Alte ihn noch in der Gewalt, das Neue, die Wandlung, wovon er noch nichts wusste, steckte aber bereits in ihm.

Er schrieb [am 17. Juni 1906] von Kochel aus einen wunderbaren Brief an Marie Schnür:

> … Wie oft sehne ich mich so sehr, auf einer dunklen Geige der Natur vorklagend über diese Höhen wandern zu können; ach, warum hat mir das Schicksal diese Kunst verschlossen! Aber ich stürbe drin, ganz gewiss, genau wie in der Liebessehnsucht, wäre sie nie erfüllt worden; oder in der Malerei –

> wenn man nicht selber malte. Ich hab's in den Liedern erfahren; sie können für mich fast tödlich werden, gebe ich mich ihnen ganz hin; man muss selber geborener Lyriker, schöpferischer, sein, um durch die Lyrik erlöst zu werden; wie in der Musik und in allem. Ich kann's nun auch nicht mehr ertragen, in Malerei zu leben, ohne nicht selbst zu malen, früh bis spät! Sie muss mich befreien – und wenn Sie erstaunt fragen, von was ich denn befreit sein will, so sollen Sie's auch hören: von meiner Angst; ich kann so oft eine sinnbetörende Angst empfinden, auf dieser Welt zu sein; ich glaube, es ist etwas wie der Panschrecken, der über einen kommt, man muss sich Götter schaffen, zu denen man beten kann. ...
>
> Sie haben Ihre Götter, Sie tragen Ihre Religion in sich, ich weiß es – Sie gehen mit Ihrer Sehnsucht endlich mal in einen fröhlichen Himmel ein, ich brauche einen anderen – ganz anderen – und taste nach dem Zugang ... Nun Schluss, ich quäle Sie schon zu lang ... Nun geben Sie Ihre Hand noch einmal her ... Ich fühle mich oft so fremd und verstört, so fern, so fern dieser ganzen Gegenwart, dass kaum die Leidenstöne, die bei meinen Freunden an meiner Seite erklingen, zu mir dringen. Ich möchte über diese Gegenwart hinaus, hinaus –. Ach, kommen Sie bald. Ich möchte Ihr gutes Gesicht zeichnen ... Fz. Marc

Diese Worte sprechen eine deutliche Sprache. Er glaubte damals noch, sich Götter schaffen zu müssen, zu denen er beten kann. In seinen Aphorismen aus dem Jahre 1915 greift er zu einem Zitat von Schiller.

> Schiller sang einmal die zaubrig schönen Worte:
> Müßig kehrten zu dem Dichterlande
> Heim die Götter, unnütz einer Welt,
> Die, entwachsen ihrem Gängelbande,
> Sich durch eignes Schweben hält.

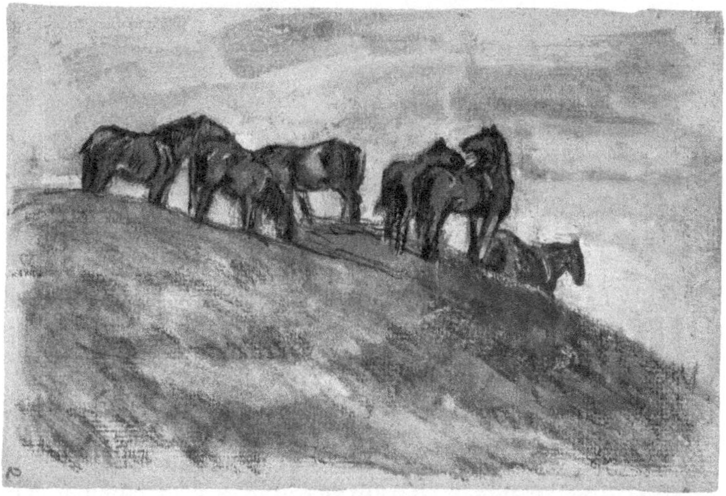

Franz Marc: *Pferde auf Bergeshöhe gegen die Luft stehend,* 1906

Ihn überfiel oft Angst vor einer dereinst nur instinktiv gefühlten Aufgabe, aber er hatte in seinem Innern den Ruf bereits vernommen und begann langsam den Weg zu beschreiten – den Weg vom sehnsüchtigen Lyriker zum freien schöpferischen Menschen.

Damals in Kochel regte sich eine erste Ahnung in ihm. Es gab nichts anderes als arbeiten, arbeiten – alles selbst in sich wecken und entwickeln. Entweder war Franz, wie schon beschrieben, draußen auf der großen Bergweide bei Kochel, ging den Tieren nach und arbeitete daheim weiter an den Skizzen. Es war ihm kein Mittel zu gering, um daraus zu lernen. Oder, wenn tagelang schlechtes Wetter war, nahm er gute Naturphotos und Photos von Tieren in Bewegung zur Hand, zeichnete sie getreu ab, zeichnete das Skelett hinein, um sich über den Körperbau klar zu werden und um den für die Bewegungen charakteristischen Funktionen von Knochen, Muskeln und Gelenken nachzuspüren. Oder er zeichnete und malte Akt, meist noch in kleinerem Format. Dann kamen die Gespräche über Komposition, über die Wichtigkeit der Aufteilung der Fläche im Bilde, über die gegenseitigen Beziehungen der Linien, Formen und Farben. Es tauchte zum ersten Mal die Idee eines kompositionellen Bildes auf. Gingen wir spazieren und kamen zu einer Schmiede, wo Pferde beschlagen wurden, so blieb er stehen und »lernte auswendig«, wie er es nannte, z. B. das Knie oder das Schulterblatt etc. So war es ein stetes Schaffen – zum ersten Mal in seinem Leben. Schon in dieser Zeit wurde der Wunsch nach einem großen Pferdebild, einer Gruppe von Pferden, gegen die Luft, in ihm wach. Eine kleine erste Zeichnung befindet sich noch im Nachlass. Erst in späteren Jahren ist dieses Pferdebild das Hauptthema seiner Arbeit geworden.

Als nach ein paar Wochen [Marie] Schnür zu uns nach Kochel kam, fing er ein ganz großes Bild an – mit uns beiden Frauen, in Lebensgröße. Wir saßen oben auf einem Berg, gegen die Luft, ein Anblick, der ihn ja von jeher besonders interessierte. »Figuren oder Tiere gegen die Luft« war sein Lieblingsthema. Schnür trug auf dem Bild einen weißen, mit Blumen bunt bestickten Rock, eine blaue Taille und einen grauen Hut; ich hatte ein weißes Kleid an und auf dem Kopf einen gelben Strohhut mit blauem Schleier. Tag für Tag, wenn es nicht regnete, schleppte Franz die große Leinwand hinauf auf den Berg, mit allem Material. Das allein war schon eine außergewöhnliche Leistung. Er arbeitete ganz wild. Mit welcher heißen Liebe und Sehnsucht habe ich ihn dann immer beobachtet, wie er malte und sich plagte – mit riesengroßen, dicken Pinseln Farbe über Farbe setzte. Die Aufgabe, die er sich damit gestellt hatte, war sehr schwer zu bewältigen; er hatte kein Vorbild, an das er sich hätte anlehnen können und auch hätte anlehnen wollen. Eine entfernte Anregung gaben ihm vielleicht die Bilder der Maler der [Künstlergruppe] »Scholle« in jener Zeit in München, wenigstens insofern, als das Bildmotiv auch bei ihnen häufig lebensgroße Figuren im Freien waren. Er aber strebte auch farbig in eine ganz andere Richtung – ins Helle, Sonnige –, was den Bildern der »Scholle« oftmals fehlte. Er hat allerlei gezeichnet, Pläne gemacht und über die Malerei gegrübelt. Schon damals gingen ihm Gedanken durch den Kopf, die sich erst an seinen späteren Bildern verwirklichen sollten. Er äußerte z. B., dass jedes Bild

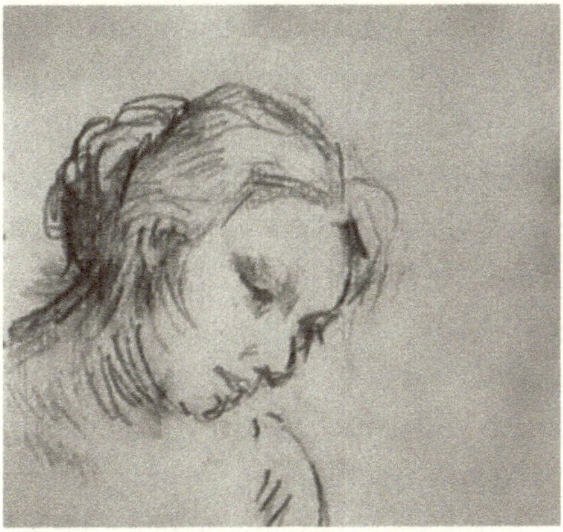

Franz Marc: *Maria Franck*, 1906

einen Organismus für sich selbst darstellen, bilden müsste und die Bildfläche in richtige, einem inneren Gesetz folgende Verhältnisse aufgeteilt werden müsste. Das war für uns natürlich ganz neu, er kam in Gesprächen immer wieder darauf zurück. Er begann sogar über Farben ungewohnte Äußerungen zu machen. So erklärte er mir an einem Blumenbilde, mit roten Blumen, dass es nicht notwendig sei, eine komplementäre Farbe neben die andere zu setzen, um sie zu einer besonderen Wirkung zu bringen, sondern dass die Komplementärfarbe irgendwo im Bilde stehen könnte – wohlausgewogen natürlich, um von ihrem Platz und durch ihre Form sowie Flächengröße die Auswirkung zu haben, die notwendig und erwünscht war, um eine gegenseitige Steigerung in der Wirkung lebendig werden zu lassen. So begann er sich, freilich erst in Gedanken und Vorstellungen, schon damals von dem üblichen Naturalismus zu entfernen.

Oft blieben wir den ganzen Tag oben am Berghang, wir nahmen alles Essen mit hinauf, oder eine der Frauen stieg hinunter und holte es. Es waren unvergessliche Tage und Wochen, leider nicht ungetrübt durch das Persönliche. Die Beziehungen unter uns dreien blieben nicht rein. Ich musste bald bemerken, wie Marie Schnür sich in ihn verliebte. Ich bemerkte auch, dass Franz Marc und Marie Schnür irgendwelche Heimlichkeiten vor mir zu verbergen trachteten. Dadurch wurde unser Zusammensein schnell getrübt. Ich spürte die starke Annäherung zwischen den beiden. Es kam bald dazu, dass sie sich vertraulich mit »Du« ansprachen. Das hielt ich nicht aus, wehrte mich dagegen. Es begann wieder genau jenes Gebaren, das ich während meiner Anfangszeit in Bayern bis zum Überdruss kennengelernt hatte. Sollte ich nun dasselbe an Franz Marc erleben? An ihm, den ich mit unbezwinglicher Leidenschaft liebte? Sollte alles noch einmal meinen Händen entgleiten? Ich fühlte mich wieder völlig einsam, kannte mich nicht mehr aus, wurde vollkommen verwirrt und irre an ihm, an mir, am Leben und konnte es nicht fassen, dass auch auf diesen Mann – genau wie schon zuvor auf die anderen Menschen in München – kein Verlass mehr sein sollte.

Wohl war er immer noch freundlich mit mir, und wir hatten vertraute Stunden miteinander, doch sah ich, wie er sich immer stärker zu Schnür hingezogen fühlte, was bei ihr eine forcierte Lustigkeit auslöste, einen übertriebenen Übermut, der nicht ganz zu der Situation passte. Sie war ja doch viel älter als wir, und ihre Ausgelassenheit wurde wirklich peinlich. War ich selbst doch so tieftraurig, oft fassungslos verzweifelt und verstört. Es war zu viel, und ich verlor alle Selbstbeherrschung, weinte und weinte, wenn ich für mich war. Ich war wirklich nahe am völligen Zusammenbruch, als Franz eines Tages zu mir sagte, Schnür solle mit mir sprechen. Ich musste zu ihr ins Zimmer gehen, und sie sagte mir dann, ich dürfte ihr Verhältnis zu Franz nicht falsch auffassen – sie wäre in großer Sorge und Verzweiflung zu ihm gekommen, hätte sich ihm anvertraut und ihn um Beistand gebeten. Sie habe in Paris ein Kind bekommen, einen kleinen Buben, und sei nun in Konflikt mit dem Vater geraten. Ihre Sehnsucht sei so groß, aber sie sähe keine Möglichkeit, das Kind zu sich zu nehmen. Es würde bei Freunden des Vaters erzogen, und sie könnte es natürlich nur sehr selten sehen. Ich fiel wirklich aus allen Wolken, denn an diese Erklärung hätte ich zuletzt gedacht. Schnür war damals doch nicht mehr so jung, dass man hätte glauben können, sie bekäme noch ein Kind. Und ich wäre auch niemals auf den Gedanken gekommen, dass sie mit dem Vater in so nahen Beziehungen gestanden hätte.

So klärte sich dann, im Augenblick zumindest, manches von ihrem Verhältnis zu Franz auf, ich konnte es begreifen, dass es ihm am Herzen lag, ihr zu helfen und beizustehen. Ich dachte nun, es würde eine bessere und reinere Atmosphäre zwischen uns entstehen. Leider war das Gegenteil der Fall.

Franz hatte Schnür damals wirklich gerne. Es ist verständlich, dass ihn die Vorstellung, sie hätte ein Kind, das von ihr getrennt aufwachsen sollte, sehr gerührt hat. Und sie hat es von Anfang an verstanden, ihn ganz für sich zu gewinnen und auch unser Verhältnis zu trüben. Ich fühlte mich überfordert, war verzweifelt über mich selbst, unglücklich und hilflos wie schon gesagt, konnte auch nicht arbeiten. Bei allem guten Willen bekam ich mich nicht in die Hand, ich verzagte in allem und empfand diese übersteigerte Lustigkeit der Schnür nur quälend und höchst unangebracht, weil ich merkte, wie angegriffen auch Franz war. Eines Tages kam die Annette nach Kochel, um ihn zu besuchen. Ich habe aufgeatmet für ihn, dass er nun einmal einen schönen Tag haben sollte. Die beiden gingen natürlich allein fort, und ich war von Herzen froh. Aber Schnür bekam einen Eifersuchtsanfall und war empört und schimpfte darüber. Ich fühlte, dass mir diese Einstellung absolut fremd war und dass ihr ganzes Verhalten auf einen völlig falschen Ton gestimmt war.

Einmal ist Franz nur mit mir auf der Staffelalm gewesen. Wir stiegen nachts auf bei Mondschein und kamen in tiefster Nacht oben an. Franz weckte den Senner Hans, der uns erstaunt und erfreut die Tür öffnete und uns hereinließ. Wir gingen ins Heu zum Schlafen, und ich fühlte mich, wie immer auf der Alm, so geborgen, der mütterlichen Erde nah. Der Aufstieg in der stillen Mondscheinnacht hatte etwas sehr Friedliches und Beruhigendes gehabt.

Anderntags stiegen wir in den Bergen um die Alm herum, Franz zeichnete etwas, wirkte aber niedergeschlagen. Natürlich kamen wir dazu, über das zu sprechen, was uns das Herz bedrückte, und er fing plötzlich an, bitterlich zu weinen. Ich fühlte es, dass er nicht aus diesem oder jenem Grunde weinte – nicht um seiner verlorenen Liebe zu Annette willen oder gar wegen unseres schwierigen Verhältnisses, das so unklar geworden war, sondern aus innerlichem Gram und Schmerz, die in der Tiefe seiner Seele lagen. Ich war in dieser wunderbaren Berglandschaft dort oben so losgelöst von allen Eifersüchteleien, von allem kleinlichen Getue in Kochel. Seine Tränen haben mich ergriffen und erschüttert. Ich spürte, dass in ihm irgendetwas vor sich ging und geschah, zu dem es keinen Zugang gab, das nur ihn allein anging und dem man nicht zu nahe kommen durfte.

Trotz aller persönlichen Stimmungen und Missstimmungen wurde doch das große Bild gemalt. Die Farbe wurde immer dicker, die Pinsel, die er verwendete, immer größer, aber das Werk wuchs zusammen. Ich hätte gern gewusst, was in seiner Seele vor sich ging, wenn wir da zu dritt oben auf dem Berge waren und er malte. Oft habe ich ihn verstohlen betrachtet. Der tief melancholische Ausdruck in seinem schönen Gesicht griff mir so ans Herz, aber – ich habe es nicht begriffen, dass nur eine ganz starke, selbstlose Liebe ihm in jener Zeit hätte wohltun können und dass ein leidenschaftliches Begehren, das mich oft überkam, ihn nur noch mehr verwirren und unglücklich machen musste. Ich lud ihm auf diese Weise mein eigenes Unglück noch mit auf.

Am Ende des Sommers zog er mit Schnür nach München zurück – ich blieb noch einen Monat in Kochel und arbeitete gut in dieser Zeit, trotz meiner Hoffnungslosigkeit und Traurigkeit. Ich habe mir oft gesagt: Mit mir zog er nach Kochel hinaus, mit Schnür zog er nach München zurück.

Aber er kam noch ein paar Mal allein hinaus zu mir; er war dann immer besonders liebevoll. Ich habe nie geglaubt, dass Schnür seine Rettung und Erfüllung sein oder werden würde. An einem wunderbaren Herbsttag war es besonders schön, als Franz und ich auf den Berg stiegen, wo er an dem großen Bild malte. Es besuchten uns dort an dem Nachmittag der Franzenbauer aus Kochel und seine Frau, von deren Tochter Franz eine farbige Zeichnung gemacht hatte. Sie wollten doch einmal schauen, was der Herr Marc dort oben schaffe. Das war sehr nett. Franz hatte viel Freude an dem Besuch, und es war eine schöne harmonische Stimmung. Später hat er mir gesagt, dass in jenen Tagen und besonders an jenem Herbstnachmittag oben auf dem Berg, den wir den Tränenhügel nannten, der Keim seiner Liebe zu mir ganz fest in ihm Wurzel gefasst hätte. Trotzdem musste noch so viel Trennungsweh und Leid über uns kommen! Heute weiß ich, warum es so sein musste.

Schließlich wurde nun auch das große Bild fertig und nach München transportiert. Franz schrieb sehr drastisch an mich nach Kochel, dass er sich wie ein Raubtier auf die Kiste gestürzt hätte, nachdem sie im Atelier angekommen war, und dass er, je länger er das Bild um sich hatte, desto unzufriedener mit ihm wurde. Das Ende war dann, dass er es zerstörte. Nur die beiden Köpfe sind erhalten – der meine ist im Nachlass aufbewahrt. Von den anderen Arbeiten dieses Sommers ist ebenfalls nicht viel übrig geblieben.

Als es in Kochel anfing, spätherbstlich zu werden, musste auch ich Abschied nehmen von diesem Schicksalsort.

Nach meiner Rückkehr wieder in die Stadt zu ziehen, hatte ich keinen Mut; ich konnte nicht in München sein und suchte in dem Vorort Planegg eine Wohnung. Ich fand sie in einem alten, in einem großen Garten liegenden Haus, das von einer alten Dame bewohnt wurde. Ich bekam zwei sehr nette Zimmer, ganz altmodisch eingerichtet. Sie wurden zu meiner neuen Wohnung, die mir zu anderer Zeit und in anderem Gemütszustand gut gefallen hätte. So aber fühlte ich mich doch ganz und gar verloren – ich war es ja auch. Ich hatte mir gedacht, da draußen für mich allein zu arbeiten, und versuchte es auch wirklich mit festem Willen. Franz hatte mir versprochen, mir bei der Arbeit zu helfen. Er kam manchmal zu mir heraus, was natürlich immer schmerzlich war. Die Stunden des Zusammenseins wurden uns beiden zur Qual. Ich fühlte, dass er nicht ganz zu mir kommen konnte und auch nicht von mir fort konnte und wollte, und ich sah, wie auch er darunter litt. Es waren furchtbare Wochen für ihn und für mich. Als ich ihn eines Tages im November 1906 in seinem Atelier besuchte, sagte er mir, dass auch er verzweifelt sei und, als Ausweg aus dem unerträglichen Zustand, endgültig beschlossen hätte, Schnür zu heiraten, um ihr die Möglichkeit zu geben, ihr Kind zu sich zu nehmen. Er würde nur nach außen die Form der Ehe mit ihr halten, denn von einer wirklichen Ehe könnte ja zwischen ihm und ihr keine Rede sein. Trotzdem wäre es jetzt für uns beide das Richtige, dass wir uns trennten, das heißt, dass unser Verhältnis forthin ein rein freundschaftliches sein müsste. Ich hätte Anspruch auf ein volles Leben, das er mir jetzt nicht geben könnte. Ich sollte geduldig sein und warten, wer weiß, wohin uns das Leben führen würde und was es noch mit uns vorhabe. Ich müsste es verstehen, dass es ihn in seiner inneren Zerrissenheit dazu drängte, ein gutes Werk zu tun, damit er einmal sagen könnte, er hätte etwas geleistet, was das Leben wert sei: er hätte ein Kind zu seiner Mutter gebracht.

Das Merkwürdige an diesem Schritt in dieser Zeit war jedoch, dass Marc überhaupt gegen die Ehe war, das heißt gegen jede eheliche Bindung. Das war aber nur so eine Theorie, er begründete das ziemlich wenig stichhaltig. Für ihn galt die menschliche Verpflichtung im gegenseitigen Verhältnis als einzige Bindung, und er sträubte sich grundsätzlich gegen eine derartige Pflicht, nur weil sie vom Gesetz gefordert wurde. Wir haben in der Folgezeit viel darüber gesprochen. Je nun, er musste auch später einsehen, dass es nicht immer bequem und einfach war, zusammen zu leben, ohne verheiratet zu sein. Er unterlag schon in seinen Jugendjahren tatsächlich einer gewissen Abhängigkeit von Menschen, die er liebte, und hatte das Bedürfnis nach verständnisvoller Nähe. Er »brauchte« einen Menschen neben sich, nur durfte niemand an ihn einen Anspruch stellen. In dem Fall der Marie Schnür mit ihrem Sohn hat er gegen seinen Grundsatz gehandelt, weil der besondere Fall es zu erfordern schien. Allerdings durfte Franz nichts im Leben tun ohne den Einsatz seines ganzen Wesens – wo er davon abgewichen ist, ging er fehl. Wie bei dieser Heirat, die einem Kompromiss und einer inneren Schwäche entsprang, vielleicht einem letzten Anflug des jugendlichen Anlehnungsbedürfnisses.

Wir sahen uns manchmal, aber selten. Schnür versuchte nett zu mir zu sein; ich war in ihrer Stillleben-Klasse im Künstlerinnen-Verein als Schülerin ,und das tat mir ja auch ein wenig gut. Franz wollte mich dann noch nicht wirklich allein lassen. Er sagte immer wieder zu mir, dass auch ich zu ihm gehöre. Ich weiß heute nicht, wie ich das alles ertragen und ausgehalten habe. Diese Monate vor Weihnachten und die darauf folgenden ersten Wochen in Berlin waren das Schwerste, was ich je erlebt hatte.

In wehmütiger Erinnerung blieb mir der Vorweihnachtsabend dieses Jahres, den wir am Abend meiner Abreise nach Berlin in seinem Atelier verlebten. Er hatte mir ein Weihnachtseckchen aufgebaut - ein Strauß frischer Rosen, darin eine kleine Holzmadonna, dazu Kerzen –, es war eine ganz weiche, liebe, harmonische Stimmung zwischen uns. Schnür war schon zu ihrer Familie abgereist. Franz begleitete mich, nachdem wir den Abend so schön miteinander verbracht hatten, zum Nachtzug nach Berlin. Ich fuhr nach Hause, mit meinem Herzen und meiner Sehnsucht aber nur bei ihm.

In Berlin blieb ich traurig, trotz der Liebe meiner Eltern, die natürlich merkten, dass irgendetwas mit mir geschehen war. Sie fragten nicht viel, ich merkte es aber, wie viel Sorgen sie sich machten. Ich hingegen sollte in dieser Zeit ein seltsames Erlebnis haben. Es war wie ein großes Gnadengeschenk, das über mich kam und meinem Leben eine entscheidende Wendung gab.

Es war zu viel gewesen, was ich erlebt hatte. Ich sah keinen Ausweg für mein Leben, das völlig sinnlos vor mir lag. Ich wusste nach wie vor nur das eine, dass ich Franz liebte und dass er mir ein Vorbild sein sollte. In meiner grenzenlosen Verzweiflung, in einem Zustand völliger Verzagtheit, ging ich in Berlin in ein Konzert, um das Weihnachtsoratorium anzuhören, dessen Musik mich im Innersten packte und schüttelte. Ich war in einem übersteigerten, überempfänglichen Zustand, und als der schöne Choral »Ich steh an Deiner Krippen hier« gesungen wurde, kam ein Zustand über mich, wie ich ihn nie durchlebt hatte. Es war eine blitzartige Erkenntnis, die mich in dem Augenblick gänzlicher

Aufgelöstheit durchfuhr. Es wurde mir plötzlich bewusst, was für einen tiefen Sinn unser Dasein hat, nämlich dass wir nichts sind und nichts haben, was uns nicht von einer überirdischen Gnade gegeben wurde, und dass uns auch gar nichts gehört, sondern dass wir jederzeit bereit sein müssen, alles zurückzugeben, was wir empfangen haben. Woher wollen wir einen Anspruch nehmen? Und in diesem merkwürdigen Moment erwachte in mir zum ersten Mal das Gefühl der Bereitschaft zur bedingungslosen Hingabe. Die gesungenen Worte: »nimm alles hin, was Du mir hast gegeben« [»… ich komme, bring' und schenke dir, was du mir hast gegeben. Nimm hin, es ist mein Geist und Sinn, Herz, Seel' und Mut, nimm alles hin und lass dir's wohl gefallen.«] entfachten in mir jenes kleine Licht, das in mir verborgen gewesen war, zu einer warmen Glut, die mich durchströmte. Ich fand den Weg, den einzigen Halt: Ich fühlte, dass diese völlige, ganz tiefe Hingabe das Einzige ist, was frei macht im Sinne von: »Ich will, was ich soll«. Ich war in diesem Augenblick voller Bereitschaft, ganz erfüllt von der Erkenntnis, die mich überwältigt hatte. Es überkam und durchströmte mich ein nie gekanntes, ja nie geahntes Glücksgefühl. Und es wurde der Wunsch in mir wach, alles Begehren in meiner Liebe zu Franz aufzugeben, es wenigstens zu versuchen, nichts mehr von ihm zu verlangen.

Ein ganz neues Dasein tat sich vor mir auf, es war ein Anfang – aber, doch nur ein Anfang, obwohl ich, ach, immer wieder zurückgeworfen wurde, hinfiel und wieder aufstehen musste.

Ich blieb einige Wochen in Berlin, viel, viel ruhiger, und meine Sehnsucht nach Franz wurde stiller und reiner. Ich bekam manchen Brief von ihm, der sehr, sehr unglücklich war über das Verhältnis zu Schnür. Seit mit dem Eheversprechen nach bürgerlichen Begriffen ein Recht auf Heirat da war, war in ihr notgedrungen ein Anspruchsdenken erwacht. Der Impuls, der Franz zur Heirat getrieben hatte, verlor seine Wirkung, als der Alltag mit seinen Anforderungen kam. Es fehlten im Grunde auch alle Bedingungen zu einem Zusammenleben mit Marie Schnür, ja für ein Zusammenleben überhaupt. Die Ruhe, die er brauchte, konnte er bekanntlich nur in sich selber finden, kein anderer Mensch war imstande, ihm dazu zu verhelfen – am wenigsten diese Beziehung, die ihm nur neue Unruhe bringen musste. So zeigte es sich, dass von Anfang an mit jener Ehe ein Trugschluss verbunden war.

Franz war voller Sehnsucht nach Musik, sogar nach meinem unvollkommenen Spiel, den kleinen Sonaten von Beethoven.

Ende des Monats Januar 1907 fuhr ich wieder nach München zurück. Franz erwartete mich an der Bahn, und da es noch viel Zeit war bis zur Abfahrt des Vorortzuges nach Planegg, gingen wir über eine Stunde in den dunklen, abendlichen Straßen spazieren. Er sprach von seinem Leben mit Schnür und gestand mir, dass er nicht mehr könnte – es wäre ein unerträglicher Zustand geworden, ein völliges Missverstehen zwischen ihnen, und er wäre am Ende, und ich müsste ihm helfen; er wollte mich wieder malen, und ich sollte für ihn da sein. Was sollte ich tun? Ich sah natürlich die schweren Konsequenzen – wie sollte sich das alles abspielen? Schließlich ließ meine Liebe zu ihm alle Zweifel schwinden.

Nach allem was geschehen war, nach dem ganzen Verhalten von Schnür gegen mich und allem, was sie mir zu Unrecht getan hatte, fühlte ich keine Scheu, ihm zu folgen und unsere Beziehung ihm in die Hände zu geben, voller Vertrauen, dass er es so machen würde, wie es zu verantworten war. Das Seltsame war, dass das untrügliche Gefühl von Zusammengehörigkeit mit ihm in mir immer noch stärker geworden war.

Die Zeit, die jetzt vor mir lag, stellte große Anforderungen an meine Selbstlosigkeit. Nach außen gehörte er Marie Schnür, in Wirklichkeit waren wir uns ganz nahe. Und im Grunde, im allertiefsten, begann in mir die Sicherheit zu leben, dass alles ganz anders werden würde, wenn ich in mir immer mehr die Kraft stärken und halten könnte, auszuharren und in meiner Liebe nicht zu wanken.

Die Situation wurde natürlich höchst schwierig. Es war gewiss auch für Schnür oft unerträglich, und sie verlor alle Haltung, allen

Stolz. Sie wollte ein Glück, das ihr das Leben versagt hatte, erzwingen und hat Franz durch ihr Verhalten immer mehr von sich entfernt und schließlich ganz verloren. Der Arme hatte sich zu allem, was er an Leid aus der Vergangenheit noch immer trug, nun auch noch diese Probleme mit Schnür aufgebürdet, die es nicht genug sein lassen wollte, dankbar zu nehmen, was er ihr durch seine hochherzige Tat in die Hände gab. Sie wollte Franz ganz für sich haben und hat es nicht begriffen, dass er in jener Zeit gerade das überhaupt nicht konnte, sondern Beruhigung brauchte, um sich selbst zu finden. Es ergaben sich die unmöglichsten Szenen infolge ihrer Eifersucht, und Franz hatte so sehr das Bedürfnis, empfand es wohl auch als Notwendigkeit, nach einem sehr heftigen Auftritt – der sich in seinem Atelier abspielte und der zeigte, wie völlig sie ihn in allem missverstanden hatte und seine Hilfe gar nicht als das zu nehmen gewillt war, was sie sein sollte – Schnür zu bitten, ihm sein Wort zurückzugeben. Sie war außer sich und weigerte sich, es zu tun, und war sogar so töricht, zu äußern, dass sie ihn niemals um meinetwillen freigeben würde. Als ob es sich um sie oder mich gehandelt hätte. Es ist ihr nie in den Sinn gekommen, was es alles für ihn bedeutete – nie hat sie an ihn gedacht, nur immer an sich selbst. Er gab ihr schließlich nach, um sein Wort zu halten. Aber – so liebevoll und großherzig er war – es gab eine Grenze und dann eine Unnahbarkeit, die man nicht überbrücken konnte. Er sagte ihr, dass sie, wenn sie auf der Heirat bestehen würde, alle Konsequenzen tragen müsste, denn von nun an, auch nach vollzogener Heirat, würden sich ihre Wege vollkommen trennen, und er sei entschlossen, auch wenn er ihr seinen Namen gegeben hätte, sein Leben für sich zu leben. Und so kam es auch.

Wenn ich heute an den Tag der Hochzeit zurückdenke, weiß ich nicht, wie ich ihn ausgehalten habe. Allein daheim zu bleiben, war mir unmöglich, also ging ich wohl oder übel in die Schule, in die Stillleben-Klasse. Dort hatte das Ereignis dieser Heirat die Gemüter sehr aufgeregt – es entspann sich ein Gespräch des Für

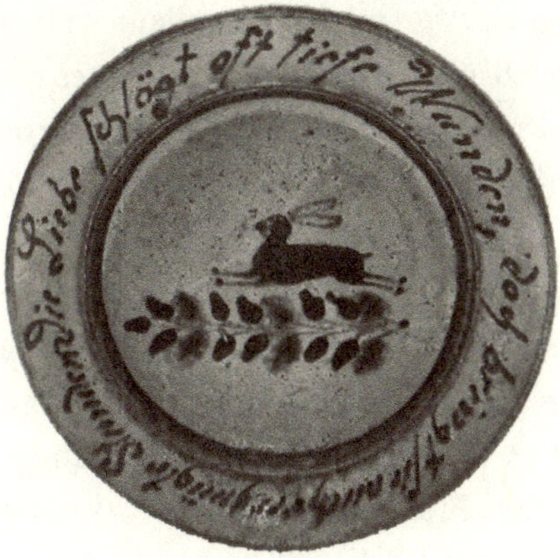

Keramik-Teller mit der Aufschrift »Die Liebe schlägt oft tiefe Wunden, doch bringt sie auch vergnügte Stunden«

und Wider dieser Ehe, das aber doch in der Überzeugung endete, dass man die gegenseitige Neigung Marc-Schnür nur zu gut verstünde usw.

Wie grotesk erschien mir das alles, ich wollte davonlaufen, als eine der anderen Malschülerinnen plötzlich fragte, wer wohl auf den Blumenmarkt gehen wollte, um frische Blumen für die Stillleben zu holen. Das war ein willkommener Ausweg für mich, und ich erbot mich dazu und ging los, froh, dem Gerede entronnen zu sein. In einer kleinen Seitengasse am Markt gab es einen Töpferladen mit Bauerngeschirr, in dem ich oft mit Franz gewesen war. Dort ging ich vorbei, aus alter, lieber Gewohnheit, besah das Schaufenster und erblickte einen Teller, der mich herzlich lachen machte. Auf den Teller war ein Hirsch* gemalt, und um diesen herum auf dem Rand stand ein Spruch, der lautete: »Die Liebe schlägt oft tiefe Wunden, doch bringt sie auch vergnügte Stunden«. Das war doch wirklich wie ein Witz. Ich ging hinein und kaufte zur Erinnerung an diesen Tag den Teller mit seinem sinnreichen Spruch. Ich habe ihn noch immer in meinem Besitz, er machte damals dem Franz auch viel Vergnügen.

* Hier irrte Maria Marc offenbar; das Tier auf dem Teller aus ihrem Nachlass gibt sich als Hase zu erkennen.

Diese Heirat war für mich, trotz allem, sehr, sehr schwer zu ertragen. Wenn ich auch wusste und mir immer wieder sagte, dass es nicht auf den äußeren Schein ankäme, sondern auf das eigentliche innere Verhältnis, auf die innere Verbundenheit, so empfand ich doch diese Ehe mit einer anderen Frau als eine Bindung, die ihm eben bestimmte Verpflichtungen auferlegte. Es musste außerdem das, was sich im Geheimen abspielte, auffällig in die Öffentlichkeit dringen, wenn er als Mann von Schnür galt. Dafür sorgten, soweit sie es nicht selbst tat, ihre Freunde, die von dem Verhältnis zwischen Franz und mir durch Schnür erfahren hatten und sich schroff gegen mich stellten und auch gegen Franz. Viele grüßten uns nicht mehr, und es wurde in der unangenehmsten Weise in München geklatscht.

Die [schlichte Feier der] Hochzeit fand im März 1907 im Hause seiner Eltern in Pasing statt.*

Nach dem Essen fuhren Franz und Schnür nach München und trennten sich dann bald. Franz hatte seinen Freund Jean Bloé Niestlé** gebeten, sie in eine Pension in Garmisch zu bringen – er selbst fuhr nach Paris.

So kam er wieder in diese wunderbare Stadt, die er in seiner Jünglingszeit kennengelernt hatte und für die er immer eine große Vorliebe bewahrte. Er sah sie wieder als ein völlig anderer, denn er stand, vor allem, zur Kunst in einem ganz veränderten Verhältnis. Wie weit waren jetzt seine Augen geöffnet, wie weit seine Seele geworden und empfänglich für alles, was er sah.

In diese Zeit in Paris fiel der Anfang seiner eigensten selbständigen Existenz – er löste sich endlich von seiner Abhängigkeit und Gebundenheit an andere Menschen, von der er sich bisher nicht hatte freimachen können. Franz begann sich selber zu fühlen, sich seiner besonderen künstlerischen, schöpferischen Kraft

* Getraut wurden Franz Marc und Marie Schnür im Standesamt Obermenzing.

** Franz Marc hatte den Schweizer Maler Jean Bloé Niestlé um 1903 kennen- und dessen Tierdarstellungen schätzen gelernt.

bewusst zu werden. Man spürt es ganz klar aus den Worten eines schönen Briefes, den er schrieb, nachdem er im Musée du Luxembourg gewesen war:

> Ein leises Triumphgefühl regte sich heut stets in meinem Innern, nämlich, dass doch in mir etwas ist, was sie alle nicht haben, die andern. Vielleicht ist es freilich möglich, dass sie alle es auch wollten u. nur den Ausdruck nicht fanden. Aber eben darum müssen wir ihn finden!

Damit im engsten Zusammenhang steht ein Satz in seinem Feldpostbrief vom 12.4.15, wo er notierte:

> Ich hab oft das Gefühl, dass ich irgendetwas Geheimnisvolles, Glückliches in der Tasche habe, das ich nicht ansehen darf; ich halte die Hand darauf und befühle es zuweilen von außen.

Sein Leben und seine Malerei haben diese Ansprüche bestätigt, wenn sie auch damals nur als Ahnung und unbewusst ausgesprochen wurden.

Und dann kam er aus Paris zurück, Schnür war schon am Tag vorher wieder in München – und das Theater begann. Dass überhaupt so viel Theater gemacht wurde, geschah ja vor allem aus Rücksicht auf die Eltern, denen die ganze Geschichte höchst unangenehm war. Franz hatte sich von Anfang an in seiner Mutter getäuscht; er war im Glauben gewesen, die würde Schnür, weil sie ein Kind hatte, mit offenen Armen aufnehmen und das Kind dazu, weil sie im Allgemeinen eine sehr sozial denkende Frau war und immer den Hilflosen beistand. Die Mutter dagegen hat sich in dem Fall Schnür dagegen gewehrt, wegen des vielen Geschwätzes, das mit der Geschichte verbunden war, sodass sie sich beunruhigt fühlte und keineswegs gesonnen war, Schnür beizustehen. Man muss das auch verstehen; Franz hatte durch sein Verhältnis zu Annette Simon schon reichlich Anlass zu Redereien in München und speziell im Freundeskreise der Eltern gegeben. Nun war das glücklich zu Ende, und er kam jetzt mit einer Frau, die erheblich älter war und auch äußerlich gar nicht zu ihm passte, sodass man von allem Anfang an merkte, dass da etwas nicht ganz in Ordnung war. Die Mutter sagte einmal zu mir: »Franz ist ein guter Mensch, aber ein toller Kopf; doch das wissen Sie noch besser als ich.«

Nach Paris begann er im Künstlerinnen-Verein in München Vorträge über »Vergleichende Tier- und Menschenanatomie« zu halten. Schnür hatte sich dafür verwendet, dass ihm diese Lektionen übertragen wurden. Er hatte sehr viel daran gearbeitet und sich ein ungewöhnliches Wissen angeeignet. Die Vorträge fingen im Sommersemester 1907 an, und so begann er gleich im Anschluss an seine Rückkehr damit.

Diese Rückkehr! Wie hat mir davor gebangt!! Es gehörte wirklich auch von meiner Seite allerhand dazu, ihn als Mann einer anderen Frau herumlaufen zu sehen. Eine so groteske Situation kann ich mir heute selbst nicht mehr vorstellen. Damals konnte ich alles ihm zuliebe tun und ertragen, wusste ich doch, dass er und ich zusammengehörten und dass es nur an mir lag, unsere Verbindung immer fester und unlöslicher werden zu lassen. Er hat mir später einmal gesagt: »Wenn Du in Kochel nicht so viel geweint hättest, hätte ich die Schnür niemals geheiratet – also darfst Du Dich nicht darüber beklagen.«

Missstimmungen und Aufregungen blieben natürlich nicht aus. Franz hatte auch immer wieder Mitleid mit Schnür und bemühte sich, nett zu ihr zu sein, brachte ihr hübsche Geschenke, um sie ein wenig zu erfreuen und zu entschädigen. Sie aber verstand auch das wieder falsch und meinte, er bliebe bei ihr. Und, was am unbegreiflichsten war, sie weigerte sich, ihr Kind zu sich zu nehmen, aus Angst, es nun öffentlich bekennen zu müssen, dass es unehelich war. So wurde der eigentliche Grund der ganzen Komödie sinnlos.

Es wurde immer mehr in der unmöglichsten Weise über Franz und mich geredet, ich wurde auf das Schlimmste verdächtigt, mich in diese Ehe hineingedrängt zu haben. Schnür selber tat, als ob es so gewesen wäre. Was sollten wir machen? Wir versuchten, dem Geschwätz so wenig wie möglich Beachtung zu schenken und ihm so wenig wie möglich Nahrung zu geben, indem wir uns nicht mehr so viel zusammen sehen ließen. Freilich war das auf die Dauer nicht so durchzuführen. Wir lebten wirklich immer vertrauter, wir gehörten einfach zusammen, trotzdem Franz mit Schnür in einer Wohnung* lebte und mit ihr als Ehemann auftreten musste. Das aber hat er schließlich auf sich nehmen müssen. Für mich wurde es in anderer Beziehung sehr gefährlich, denn die Möglichkeit war gegeben, dass meine Eltern von all dem Gerede erfuhren und mich nach Berlin holen konnten. Es ist erstaunlich, dass es nie dazu kam.

Vor allem anderen wurde ich in diesem Frühjahr auch noch krank; ein altes Übel befiel mich wieder, eine rheumatische Entzündung der rechten Hand, die mich ganz hilflos machte. Eine liebe Kollegin von der Damen-Akademie, Ilse Müller, mit der ich heute noch in freundschaftlichster Verbindung stehe, hat mir geholfen und mich gepflegt, so gut es ging. Sie wohnte leider so weit, dass es auf die Dauer schwierig wurde. Mein Zustand verschlimmert sich auch so, dass ich ins Krankenhaus gehen musste, nach Nymphenburg, und dort in eine richtige Behandlung kam. Franz und Müllerchen, so nannten wir die Freundin, besuchten mich draußen – es war sonst eine stille Zeit bei den guten Ordensschwestern unter den großen alten Kiefernbäumen. Der arme Franz hatte es in der Zeit nicht leicht, er musste immer hin und her lavieren zwischen dem Elternhaus in Pasing und Schnür einerseits und mir und seiner Arbeit andererseits. Außerdem war die Annette auch noch da – es ging ihr gesundheitlich wechselnd –, sie war, trotz allem, tätig, und zwar bewunderungswürdig.

* Marie Schnür hatte Wohnung und Atelier in der Schellingstraße 33, Gartenhaus, nach ihrer Rückkehr aus Paris im April 1906 angemietet und bis zu Franz Marcs Einzug allein bewohnt.

Manchmal ging Franz mit mir ein paar Tage irgendwo aufs Land, um Ruhe zu haben, das war immer sehr schön. Es war eine große Veränderung in ihm vorgegangen, er lebte in erster Linie für seine Kunst, das war der Hauptinhalt seines Lebens geworden; sein Verhältnis zu Annette wurde ruhiger infolge der Wandlung, die sich in ihm vollzog. Auch unser Verhältnis, das sich ja immer inniger gestaltete, hat wohl dazu beigetragen. Er wurde männlicher und gereifter und entwickelte sich in eine andere Richtung, die sich notwendig von der vergangenen Art seiner ersten Liebe entfernte. Zudem war unser Zusammenleben so ganz anders beschaffen, nicht weniger stark, im Gegenteil vielleicht. Ich ging völlig in seiner Arbeit mit auf und wuchs durch alles Neue mit ihm in eine andere Welt hinein. Er konnte mich mitnehmen, wohin er wollte, ich hing mit aller Hingabe an ihm und seinem Leben, seinen Ideen. Seine Welt wurde die meine, während die beiden anderen Frauen fertig abgeschlossene Charaktere gewesen sind, die ihn in ihre Welt hatten hineinziehen wollen. Wir sind wirklich zusammen gewachsen.

Es gab noch viel Zwiespalt. Schnür hat nichts von dem, was sich abspielte, begriffen und versuchte immer wieder ihre Rechte als Ehefrau geltend zu machen.

Sie hatte Franz in einer Zeit, als sie noch gut miteinander waren, das Versprechen abgenommen, mit ihr nach Swinemünde zu fahren, um ihre Mutter und ihre fünf Schwestern zu besuchen. Diese Reise drohte am Horizont, aber sie wurde auf den Herbst verschoben, weil Franz den Sommer in Indersdorf verbringen wollte, einem Dorf in der Nähe von München, in dem er als ganz junger Mensch einmal einen Sommer lang gemalt hatte. Schnür beschloss, mit ihrer Malklasse ebenfalls dorthin zu gehen. Es wurde ein Ausflug verabredet, an dem sich auch die Schülerinnen beteiligten, die sich gleich Wohnungen suchen sollten. Da Müllerchen und ich zu der Malklasse gehörten, wollte Franz, dass wir mitkommen sollten; es war ihm zu langweilig mit den Schülerinnen und Schnür allein. Die Tage wurden wunderschön für uns drei, wir konnten uns etwas abseits halten, weil wir, Müllerchen

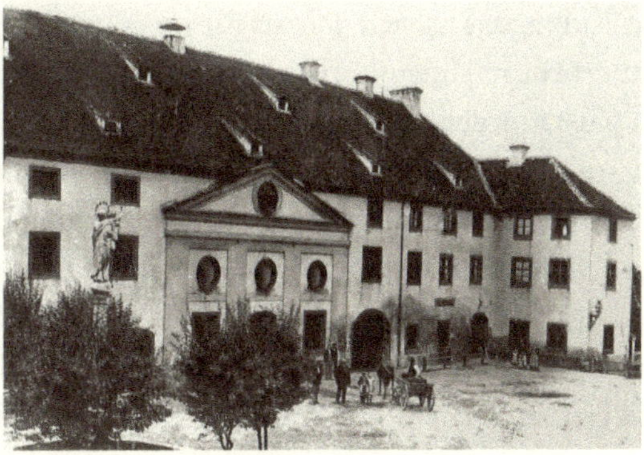

Klostergasthof Indersdorf

und ich, die wir nicht im Sommer mit hingehen würden, keine Wohnung zu suchen brauchten. Und Franz blieb natürlich bei uns. Er nahm in Indersdorf ein Zimmer im Gasthof der Klosterbrauerei, ein blaues, das er früher schon gehabt hatte.

Der Sommeraufenthalt war nun gesichert, Franz freute sich vor allem aufs Malen. Er konnte sich doch wirklich wieder freuen – und wie!! Er war ja ein völlig anderer Mensch geworden und fing an, auch durch Schnürs Verhalten, keine Qual mehr zu empfinden. In ihm war ein neuer Schaffensdrang erwacht, er konnte nie ohne Arbeit sein oder ohne sich in Gedanken mit ihr zu beschäftigen; sie wurde ihm immer mehr zum vollen Lebensinhalt. Ich verstand ihn ganz und gar und liebte ihn darum umso mehr und ahnte seine Größe und Besonderheit. Seine Arbeit war ihm Sinn und Ziel im Leben, ich gehörte dazu, er liebte mich, und ich war eingeschlossen in das Ganze. Das war ein wunderbares, sehr seltenes Glück – ach, viel mehr für mich und meine eigene Lebenssehnsucht, als wenn ich seine Liebe nur als Frau besessen hätte. Ich hatte ja selbst einen ungestillten Drang, von Kunst zu erfahren und mehr von ihr zu wissen.

Der Juli 1907 brachte uns eine Trennung, ich reiste nach Berlin zu meinen Eltern und dann mit ihnen nach Ostpreußen zu meinem Bruder, der in der Nähe von Insterburg ein Gut hatte. Leider wurde der Aufenthalt dort für meine Gesundheit verhängnisvoll, das Klima, das an sich damals für mich unzuträglich war, verschlimmerte durch unaufhörliches Regenwetter meinen rheumatischen Zustand derart, dass ich fast die ganze Zeit im Bett liegen musste. Die Hände waren schließlich beide dick aufgeschwollen. In jenen Wochen, in denen ich fast ständig liegen musste, mit Händen, die schmerzten und wie gelähmt schienen, wodurch ich ganz abhängig wurde von meiner Umgebung, die keine Ahnung und kein Verständnis hatte für das, was ich erstrebte und ersehnte – die sogar keine Ahnung haben durfte, von alledem, was mein Leben ausmachte und von meinem Verhältnis zu Franz. In jenen Wochen, so weit fort in Ostpreußen, unterlag ich doch wieder meinen Depressionen und schrieb oft Klagebriefe an Franz, alle meine guten Vorsätze vergessend. Es war ja wirklich alles sehr schwierig für mich. Man wusste nicht, wohin diese Krankheit führen würde und welche Ursache sie hatte. Dass es sicher zum größten Teil psychisch war, daran dachte keiner von uns; aber es ist zweifellos so gewesen.

Der Münchner Arzt hatte schon im Frühjahr dringend geraten, ich sollte das Moorbad Aibling in Oberbayern aufsuchen, und nach vielem Hin und Her beschlossen meine Eltern, mich dorthin zu schicken. So fuhr ich von Ostpreußen wieder zurück nach Bayern in die Nähe von Franz. Er erwartete mich in München an der Bahn. Wir verlebten ein paar schöne Wiedersehenstage in meinem Atelierzimmer in der Giselastraße, das ich mittlerweile bewohnte und den Sommer über behielt, gingen in München auf die Auer Dult und waren sehr glücklich. Er sagte öfter auf der Straße zu mir: »Du, da kommt meine Frau.« Auf meine erste Frage, was er damit meinte, antwortete er, dass er sich jede beliebige Frau als seine Frau vorstellen könne, so fremd war ihm Schnür geworden. Da ich die Hände so gut wie gar nicht mehr gebrauchen konnte, brachte er mich hinaus nach Aibling, sorgte, dass ich gut untergebracht war, und fuhr wieder zurück in die Stadt. Wie groß war sein Erstaunen, als er bei seiner Rückkehr in seinem Atelier Schnür antraf, die ihm, voller Eifersucht, nachspioniert hatte. Sie hatte natürlich gemerkt, dass er bei mir geschlafen hatte. Es war nicht zu verstehen, dass sie ihm immer noch mit ihren persönlichen Ansprüchen kommen konnte, nachdem er sich ein Leben voller Freiheit vorbehalten hatte. Franz wurde schließlich manchmal wirklich wütend über die Kontrolle, und das Verhältnis wurde immer gespannter. Glücklicherweise hat er nicht mehr so darunter gelitten.

Er hatte auch in Indersdorf Ablenkung, denn Annette mietete im Nachbarort Großinzemoos eine Wohnung, um den Sommer mit ihren Kindern dort in seiner Nähe zu verbringen. Sein Verhältnis zu Annette war immer noch sehr liebevoll. Ich aber wusste, dass er jetzt mir gehörte - und immer gehören würde. Es sind wohl bestimmt in jener Zeit doch noch Stunden über ihn gekommen, in denen er schwankte, die ihn wieder zu Annette zurückgezogen haben. Ich weiß es nicht, aber ich dachte es mir manchmal. Und doch wusste ich, er konnte nicht zurück; das Leben hatte ihn ganz anders angepackt und ihn herausgerissen aus dem Milieu, in dem Annette leben musste, das immer nach rückwärts gerichtet war - trotz des ganzen Reizes, der sie umgab und des Reichtums, der auch in ihr lebte -, aber viel zu eng war für seine Kräfte und Energie.

Franz schrieb mir viel nach Aibling über seine Arbeit, das machte mir die Sache leichter und regte mich an, über alles, was ihn beschäftigte, nachzudenken, sodass die Trennung nur äußerlich war. Natürlich bin ich dort sehr sehnsüchtig gewesen - das war ja verständlich. Ich muss gestehen, dass ich auch ungeduldig sein konnte, wegen der ewigen Rücksicht und der ganzen verrückten Stellung, in die ich geraten war. Es kam hinzu, dass Schnür darauf bestand, die Reise mit ihm zu ihrer Familie zu machen. Sie hielt ihn bei seinem Versprechen fest, welches er ihr einmal in der guten Zeit gegeben hatte. Also musste er mit ihr nach Swinemünde fahren.

Es ist nicht besonders klug von ihr gewesen, ihm diese Reise und Komödie zuzumuten. Er war keineswegs gut gelaunt und freute sich nur auf den Zoologischen Garten in Berlin, wo er auf der Rückreise von der Ostsee Skizzen von den Tieren machen wollte. Er unterbrach außerdem seine Arbeit in Indersdorf nicht gern. Wenn auch nichts eigentlich Bemerkenswertes aus der Zeit erhalten blieb, so war er doch in sein künstlerisches Tun hineingekommen. Das Hauptwerk wurde eine große Lithographie, ein blonder Frauenakt auf einem bunt karierten Bauernbett. Leider ist kein Exemplar erhalten geblieben, er hat die ganze Auflage vernichtet. Der Akt, ein bekanntes Modell aus München, das er sich hatte nach Indersdorf kommen lassen, hatte ihn doch nicht besonders anregen können, und außerdem war das Ganze mit zu malerischen Mitteln gemacht, die weit über den Rahmen der Lithographie hinausgingen. Ich verstand damals, als ich das viel zu große Blatt sah, dass es ihn nicht befriedigte und freute. Heute bedauere ich es trotzdem sehr, keines mehr zu haben. Die Ölsachen aus Indersdorf zerstörte er später alle – bis auf eine Getreidegarbe, die in meinem Besitz ist wie auch das Eichhörnchenbild, eine Erinnerung an einen Kocheler Spaziergang.

Ende August gaben Franz und Schnür Indersdorf auf, um sich für die Reise nach Swinemünde zu richten, und ich durfte in den gleichen Tagen aus Aibling fort. Meine Kur war beendet, und den Händen ging es besser. Wir konnten uns in München nur kurz sehen, um wieder für eine Zeit lang Abschied zu nehmen. Aber wie verschieden war dieses Abschiednehmen von dem Abschiednehmen im Jahr zuvor. Jetzt gab es ja so viel Gemeinsames, dass wir nie mehr ganz getrennt sein konnten. Er schrieb öfters aus Swinemünde, ziemlich verstimmt. Es war für ihn ja wirklich höchst unerfreulich, diese Komödie spielen zu müssen. Aus Swinemünde sind ein paar interessante und gute kleine Ölskizzen erhalten geblieben. Er blieb auch nicht lange in dem Ostseebad, sondern fuhr früher als geplant allein nach Berlin, um im Zoo zu arbeiten. Es gibt verschiedene schöne Tierzeichnungen in seinen Skizzenbüchern aus jenen Tagen.

Ganz habe ich es damals nicht verstanden, dass er noch immer so nachgiebig und mit Schnür mitgereist war. Er hatte wohl sicher Mitleid mit ihr gehabt und wollte auf irgendeine Weise seine Hilfe zu einer Art Ende führen. Auch hatte er sie, ihrer Familie wegen, nicht im Stich lassen wollen. Sein eigentliches Leben

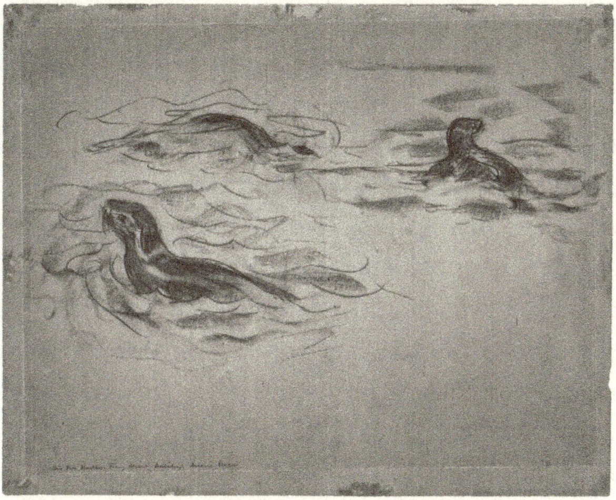

Franz Marc: *Seerobben im Zoologischen Garten Berlin*, 1907

ging das alles gar nichts mehr an. Und wenn Schnür das eingesehen hätte, dann würde sie an seiner Hilfsbereitschaft und seiner Nachgiebigkeit einen Halt gefunden haben. Durch ihr vorwurfs- und anspruchsvolles Wesen hat sie sich alles verscherzt und auch seine Freundschaft verloren.

Nach der Rückkehr von der Swinemünder Reise verlangte er dann die räumliche Trennung von ihr und mietete für sie eine andere Wohnung. Er selber übernahm das Atelier in der Schellingstraße 33, in dem er bis zu unserer Übersiedlung nach Sindelsdorf lebte und das uns ein vertrauter Raum werden sollte. Das Verhältnis zu Schnür wurde immer lockerer, bis es schließlich ganz aufhörte. Sie sahen sich kaum noch.

Ich hatte ja mittlerweile mein Atelier in der Giselastraße und arbeitete für mich, auch mit Hilfe von Franz. Er kam fast täglich zu mir zum Mittagessen; ich kochte für uns beide auf dem Petroleumkocher, denn er liebte auf die Dauer das Wirtshausessen nicht. Es wäre eine noch ungetrübtere Zeit gewesen, wenn Franz nicht Geldsorgen gehabt hätte. Mein Geld, das ich von meinen Eltern erhielt, reichte nicht für uns beide. Wie oft nahm er ein

Paket Bücher unter den Arm und versuchte, sie zu verkaufen; und wenn es gelang, dann wurde einmal fein gegessen, das heißt, wir gingen in eine unserer verschiedenen Konditoreien, tranken Schokolade und aßen Kuchen. Das liebte er sehr, es bedeutete für ihn eine noch viel bessere Mahlzeit als jede sonstige. Franz stand mit allen möglichen Antiquitätenhändlern in Verbindung, noch von der Zeit mit Annette her. Manches hübsche Stück wanderte dorthin – aber es kam auch vieles wieder zurück. Er hatte so große Freude an schönen Dingen und wollte, dass wir keinen einzigen unschönen Gegenstand in unserem Gebrauch haben sollten. Das gefiel auch mir, ich hatte schon von jeher dieselbe Liebhaberei für Antiquitäten. Und so sammelte sich viel, viel Kram bei uns an. Aber unser Haushalt wurde auch sehr originell dadurch. Wären nur die Geldsorgen nicht gewesen! Sie galten natürlich nicht nur für den Augenblick. Es war überhaupt nicht auszudenken, auf welche Weise Franz sich eine Existenzbasis begründen sollte, die es ihm gleichzeitig ermöglichte, ganz ohne Kompromiss seiner Arbeit zu leben.

Er versuchte, kleine Plastiken von Rehen zu machen, aber sie wurden nicht das, was sie hätten sein müssen. Seine Schafgruppe, die mir damals bei meinem ersten Besuch so gut gefallen hatte, war beendet, er konnte aber nicht viel damit anfangen. Sie stand entweder bei Annette oder bei Paul, doch keiner wollte sie eigentlich haben, es war immer etwas Not damit verbunden, sie irgendwie unterzubringen. Als Verkaufsobjekt kam sie schon gar nicht in Frage. Er versuchte es dann mit einer Serie von lithographischen Postkarten mit Tieren, die sehr reizend wurden, doch auch damit war kein Geld zu machen. Franz konnte einfach nicht nach dem Publikumsgeschmack arbeiten. Er war ganz außerstande, solche Dinge zu machen.

Es entstanden wohl verschiedene gute Lithographien, als erste eine – sehr lang und schmal, friesartig in der Komposition – mit vielen Rehen in unterschiedlichen Stellungen im Wald, die er direkt auf den Stein gezeichnet hat. Ich sehe ihn noch in seinem Atelierraum am Tisch stehen und mit besonderer Freude daran

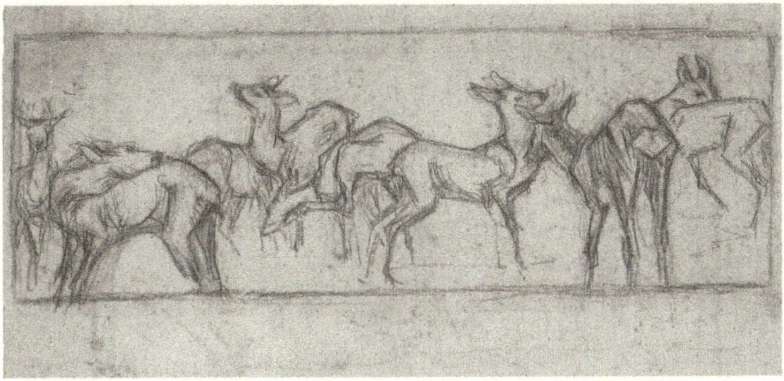

Franz Marc: *Studie Rehe im Walde (*Rehfries),
1908

arbeiten. Leider ist kein Exemplar mehr in meinem Besitz, ich habe auch keines mehr gesehen – schade. Denn es war ein schönes Blatt und sehr charakteristisch. Ich besitze noch eine kleine Bleistiftskizze der Komposition. Auch eine kleine Aquarellskizze ist noch vorhanden.

Franz ließ sich die Steine ins Atelier bringen. Die Herstellung der Lithographien beaufsichtigte er selbst in der Druckerei. Am Anfang machte er nur braun-weiße Blätter, später versuchte er es mit farbigen. Das waren auch für mich immer schöne Stunden, wenn er beim Drucker war; ich ging jedes Mal mit hin, um zuzuschauen und zu lernen. Gewöhnlich wich er dem Drucker nicht von der Seite. War er mit dem Ergebnis unzufrieden, bestand er auf Wiederholung des Vorgangs. Vielfach nahm er am Stein Veränderungen vor. Es war sehr interessant, mit wie großer Freiheit er während des Druckens immer wieder hinein in den Stein arbeitete, da er es als natürlich empfand, die Arbeit noch zu vervollkommnen. Auf diese Weise kamen eigenartige Wirkungen heraus, die die Lithographien viel lebendiger machten.

Die Einzelheiten aus dem Herbst 1907 sind meinem Gedächtnis ziemlich entschwunden. Auch sind aus der Weihnachtszeit kaum Briefe vorhanden. Da war ich bei meinen Eltern in Berlin, nicht sehr glücklich und mich fremd bei ihnen fühlend.

Deutlicher erinnere ich mich an die Zeit nach Weihnachten, nachdem ich wieder zu Franz nach München zurückgekehrt war. Damals muss es gewesen sein, dass er einen Malerkollegen aus der Akademie wiedertraf, einen früheren Hackl-Schüler, dessen Arbeiten Franz einst sehr bewundert hatte. Sie freuten sich beide über das Wiedersehen, und es entwickelte sich ein freundschaftlicher Verkehr. Der Kollege kam nicht nur zu uns, wir gingen auch zu ihm hin. Er hatte uns erzählt, dass er mit seiner Schwester und deren Kindern zusammenwohne, für die er sorge, weil sie von ihrem Mann verlassen worden sei. Die Kinder waren ihm Modell für seine Bilder. Wir lernten Kinder und Bilder kennen und schätzten beides. Die Malereien waren wirklich eindrucksvoll für uns, Franz mochte namentlich die Komposition, die, wie die Formen und Farben, ganz unnaturalistisch war – streng gesetzmäßig, womöglich symmetrisch, angeordnet. Es sprach ein großes Können aus den Sachen und eine liebevolle Empfindung, besonders aus den Zeichnungen nach den kleinen Kindern. Äußerlich natürlich eine große Misere, kein Geld, keine Verbindungen, ein großer Haushalt mit bald fünf Buben und Mädchen. Franz bemühte sich, wie er konnte, da helfend einzugreifen. Geld hatten wir selber nicht, und so suchte er nun, andere für den Freund zu interessieren. Er ging zunächst zum Antiquar Emil Hirsch (durch den er den Franz Blei kennengelernt hatte, der wiederum mit Julius Meier-Graefe befreundet war), dem er davon erzählte und der in seiner gewohnten Art sofort versprach, gewisse Leute, die vermögend waren, dafür in Bewegung zu setzen. Und das gelang! Es dauerte nicht lange bis Franz Reinhardt, denn so hieß der Freund, einen Porträtauftrag von dem Schriftsteller Carl Sternheim bekam. Reinhardt war höchst zufrieden und fuhr nun also immer zum Malen hinaus nach Höllriegelskreuth im Isartal, wo Sternheim eine schöne Besitzung hatte. Und gleichzeitig gab der ihm den Auftrag, eines seiner Kinder zu malen. Reinhardt machte große »Sprüch«, wie man mit so reichen Leuten umspringen müsse, und Franz traute manchmal der Sache gar nicht.

Inzwischen hatte Franz viel für sich in seinem Atelier gearbeitet. Neben Werken in Tempera beschäftigten ihn zwei große Bilder: »Frauen in einem Boot« und das Nachtbild »Frauen auf einem Berg«. Die Idee zu den Frauen im Boot hatte er schon in Kochel gehabt, etwas angeregt durch einen japanischen Holzschnitt. Er sammelte gern japanische Holzschnitte, konnte jedoch die Anregungen, die sie ihm gaben, nicht verarbeiten. Das Bild wurde deshalb ganz anders, es war nur die Idee des Holzschnitts nach der Art der unnaturalistischen Auffassung, die trotzdem so viel Naturstimmung hatte. Schon in Kochel machte er eine kleine Skizze zu dem Bild, anfangs mit drei Frauen – lebensgroß. Als er mit den drei Frauenfiguren fertig war – Porträts nach seiner Freundin Annette, Marie Schnür und mir –, übermalte er Marie Schnür, und das Boot bekam einen stehenden Bootsmann, mit dem er vielleicht sich selber meinte. Aus diesem wurde sein Hund Russi, der aber schließlich einem toten Falken weichen musste. Die beiden Frauen waren nur noch Annette und ich, er zeichnete die Studien dazu nach der Natur, die Farben des Bildes wählte er ganz frei – ein ultramarinblaues Boot in chromoxydgrünem Wasser mit weißen Schaumköpfen, an den Ufern des Wassers Reste von grauweißem Schnee, die Stimmung des Ganzen winterliche Dämmerung, sehr melancholisch, auch im Ausdruck unserer Gesichter und noch betont durch den toten Falken, der auf der vorderen Bank des Bootes lag. Es war dies ein erster Versuch, ein kompositionelles Bild zu malen, die Komposition ist auch sehr gut gewesen, nur blieb eben doch zwischen Form und Farbe eine Kluft. Es kam keine Einheit zustande, und er zerstörte das Werk. Leider. Denn ich habe es trotzdem in schöner Erinnerung. Ob mit dem Entwurf des Bildes eine Symbolik verknüpft war, weiß ich nicht zu sagen. Geäußert hat Franz das nie. Ich könnte mir vorstellen, dass er derartige Gedanken im Kopf hatte.

Das Bild mit den drei Frauenakten nachts auf einer Bergeshöhe war ebenfalls sehr groß. Er benutzte dazu verschiedene Aktskizzen aus seinen Skizzenbüchern und machte von dem liegenden Akt eine wunderbare Photographie, die sehr ausdrucksvoll wurde, gerade so, wie er sie brauchte. Der Kopf der Figur lag unten am linken Bildrand gegen das Eck, der Körper schräg diagonal in das Bild hinein in einer sehr schönen ausdrucksvollen Bewegung; ein zweiter Akt stand in der Mitte des Bildes aufrecht, sich das Haar lockernd, und der dritte hockte in einer Stellung, die er sehr liebte und viel und oft gezeichnet hat, auf der rechten Seite des Bildes. Die Farben ziemlich dunkles Blau und Graurosa. Das Ganze war mit ungeheurem Schwung angefangen, er hat es aber auch nicht zur Vollendung bringen können. Nur eine kleine Federskizze dieser Komposition ist erhalten. Die Aufgabe war zu groß und ungewöhnlich.

Franz hatten ja schon früher die Bilder der Künstler der Münchner Vereinigung »Scholle« vorgeschwebt, er war jedoch nicht imstande, sich mit der Sichtweise dieser Maler zu begnügen, denn für ihn und mich waren deren Werke ohne künstlerischen Sinn und wirkten nur durch einen gewissen geschmacklichen Reiz auf das Auge; man sah sie sich bald über, weil nichts dahinter stand. Im Grunde zog ihn hauptsächlich die gegenständliche Idee an – große Figuren in der Landschaft, ein gewisses Format, an Wandflächen erinnernd. Er wollte weit über die Bilder der Maler der »Scholle« hinaus, fand nur damals den Weg noch nicht und kehrte wieder zu den Bildern und Studien, die er nach der Natur malte, zurück. Leider zerstörte er auch das Nachtbild, sodass, außer einer kleinen Skizze im Skizzenbuch und der Aktphotographie, nichts davon erhalten ist.

Wir lebten den Winter über still für uns und waren sehr harmonisch zusammen. Außer gelegentlichem Zusammenkommen mit Franz Reinhardt und Jean Bloé Niestlé hatten wir kaum freundschaftlichen Verkehr. In Franz erwachte das dringende Bedürfnis, sein Verhältnis zu Marie Schnür sobald wie möglich vollkommen zu lösen. Sie sahen sich gar nicht mehr, höchstens dann, wenn sie mal in sein Atelier kam, was ihm immer höchst unangenehm war. So bat Franz seinen Bruder, mit Schnür von seinem Wunsch der Scheidung zu sprechen. Paul war auch sehr bereit dazu und ging zu ihr hin. Er stieß jedoch auf unbeeinflussbaren Widerstand. Sie erklärte, Franz nie um meinetwillen frei zu geben, ein Zeichen, dass sie die Situation auch jetzt nicht begriffen hatte.

Er bat nun seinen Bruder nach einiger Zeit, einen zweiten Versuch bei Schnür zu machen. Das Kind war nicht bei ihr – sie wollte es noch immer nicht zu sich nehmen. Sie äußerte sich bei der zweiten Anfrage etwas geneigter, willigte schließlich ein, unter der Bedingung, auf Ehebruch klagen zu wollen und mich als Grund für die Scheidung anzugeben. Das war für Franz, der ihr gegenüber so großmütig und hilfsbereit gewesen war und eine so außergewöhnliche Langmut gezeigt hatte, eine traurige Enttäuschung; er hätte sie einer solchen Gesinnung nicht für fähig gehalten. Wie arg muss sie verkrampft gewesen sein, wie sehr sich selbst verloren haben, dass sie auf den Rat ihrer »Freunde« hörte und sich zu diesem Schritt hat hinreißen lassen. Im Grunde kannten wir sie doch als feinfühligen Menschen. Die Heirat war natürlich auch von Franz' Seite ein Fehler gewesen, man kann solche Dinge nicht einfach tun. Es wäre notwendig gewesen, alle Konsequenzen zu übersehen und zu wissen, welche Wirkungen in dem anderen ausgelöst werden, welche Triebe erweckt werden und wie man selber standzuhalten imstande ist. Es gehört eine große innere Reife zu solch einer Entscheidung, und die hatten beide nicht. Es lag also sicher in Franz ein Teil der Ursache, dass alles schiefging. Man kann nicht allein Schnür die Schuld geben. Sie war noch zu keiner menschlichen Erfüllung gekommen, und so verlor sie sich in Wunschträumen, die Franz weder erfüllen wollte noch konnte.

Franz erkundigte sich nach allen Konsequenzen eines solchen Scheidungsgrundes und erfuhr, dass es ein Gesetz gibt, das eine Ehe zwischen den beiden Menschen, die den Ehebruch begangen haben, verbietet. Es konnte ein Dispens [amtliche Befreiung von dem Verbot] gegeben werden; er war jedoch nicht ganz leicht zu erlangen, wie wir es später auch erlebt haben. Man sagte uns, dass im Notfalle eine Heirat in England in Frage käme. Erfreulich waren die Aussichten also nicht. Franz riet trotzdem dazu, um nur loszukommen. Wir machten es Schnür leicht, denn sie war gar nicht in der Lage, einen Ehebruch zu beweisen. Es hätte aber auf alle Fälle viel Rederei gegeben und Staub aufgewirbelt, darum ließen wir der Sache ihren Lauf.

Inzwischen war es Frühling geworden, und wir rüsteten für den Landaufenthalt 1908. Diesmal wollte Franz den Sommer in Lenggries verbringen bei seinem Sennerfreund Hans von der Staffelalm, den er seit seiner Bubenzeit kannte und der in Lenggries verheiratet war und dort ein nettes Haus besaß. Zufällig war in der Münchner Zeitung eine Fahrt mit einer Schleipfe [Holzschlitten, auf dem die Baumstämme im Winter aus dem Bergwald zu Tal gebracht wurden] angezeigt, die wir nutzten. Wir fuhren nach Tölz mit der Bahn und dann, an einem stockfinsteren Winterabend, mit der Schleipfe nach Lenggries, in tiefem Schnee. Auch Franz Reinhardt hat, neben Paul und Helene, die Tour mitgemacht. Wir fanden dann, was wir suchten – ein sehr nettes Sommerquartier beim Hans und dazu ein ausgezeichnetes Wirtshaus.

Mit Reinhardt erlebten wir noch eine große Enttäuschung. Im Frühjahr erhielt dieser den Auftrag, für den Ausstellungspark auf der Theresienhöhe einen der Räume des Bierausschanks auszumalen, und er bat Franz, ihm dabei zu helfen. Sie wollten diese Aufgabe gemeinsam lösen. Franz machte einen Entwurf, dessen Schwung den Kollegen begeisterte, aber: Reinhardt bekam es dann doch wieder mit der Angst zu tun, die Sache könnte von der üblichen Münchner Malerei zu sehr abweichen. Als Franz eines Tages in das Atelier kam, um weiter mitzuarbeiten, war der schwungvolle Rehbock übermalt, und an seiner Stelle sprang ein anderer quer über die Bildfläche, in der Art, wie die bayerischen Reiseandenken bemalt wurden. Reinhardt meinte eben immer, dass die Menschen nur Kitsch haben wollten und dass man ihnen nichts anderes malen dürfe. Franz kam ganz elend nach Hause, deprimiert über die Charakterlosigkeit dieses so begabten Freundes, doch wollte er es ihm nicht nachtragen, überhaupt nicht so hoch anrechnen, denn es ging Reinhardt ja wirtschaftlich so

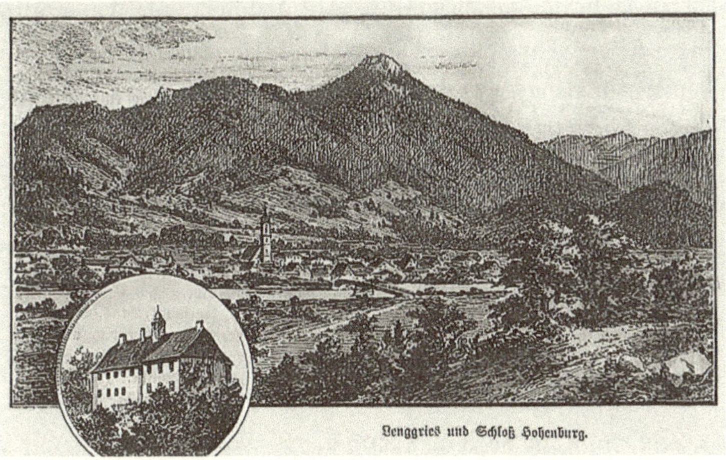

Lenggries und Schloß Hohenburg.

furchtbar schlecht, und Franz suchte sich die Feigheit und künstlerische Gewissenlosigkeit von Reinhardt dadurch zu erklären, dass ihn immer die Furcht, keinen Verdienst mehr zu bekommen, zu diesen Dingen bestimmte. Franz sorgte weiterhin unermüdlich dafür, das Interesse von Bekannten, die Verbindung mit einflussreichen Menschen hatten, an Reinhardt wach zu halten, aber das Verhältnis war doch getrübt.

Franz war froh, dem Münchner Leben entrinnen zu können. Anfang Mai zogen wir mit unseren Sachen hinaus nach Lenggries. Leider musste er noch einmal nach München zurück. Für den Monat Juni war eine kleine, intime Ausstellung, Zeichnungen und vor allem Graphik, bei Carl Georg Steinicke in Schwabing für ihn und Reinhardt vereinbart, für die er Lithographien fertig machen musste und bei deren Eröffnung er gern zugegen sein wollte. Es wurde also damals, 1908, schon eine Ausstellung veranstaltet, auch äußerlich ein Fortschritt und Erfolg.* Die Sachen fanden in

* Hinter seiner Buchhandlung im Haus Adalbertstraße 15 betrieb Carl Georg Steinicke eine Kleinkunstbühne. Ob Franz Marcs Bilder in jenem Innenhofraum oder an den Wänden des Ladengeschäftes zu sehen waren, ist nicht bekannt.

der Ausstellung viel Beachtung und Anklang, wie Annette in einem Briefe sehr nett berichtete. Ich blieb die erste Zeit allein draußen in Lenggries, durchstreifte die Gegend, lief über die Wiesen und fing zu malen an.

Lenggries hat viele schöne Weideplätze mit Pferden und das prachtvolle Schloss Hohenburg in einem sehr gut erhaltenen Park. In jener Zeit war es im Besitz des Großherzogs von Luxemburg, der erlaubte, dass man sich in dem Park aufhielt und spazieren ging, wenn er und seine Familie nicht anwesend waren.

An einem stillen Weiher im Park malte ich meine erste Studie, einen durchsonnten Buchenzweig gegen das grünliche Wasser – so recht ein Motiv nach dem Sinn damals von Franz.

Unsere Wohnung im 1. Stock des Hauses bei dem guten Senner Hans war uns sehr lieb, wenn die Zimmer auch sehr klein waren, mit noch kleineren Fenstern und so niedrig, dass der große Franz Marc ständig gebückt darin umhergehen musste. Wir teilten sie ein in ein Wohnzimmer und zwei nebeneinander liegende Schlafzimmer. Das meine war besonders schön, es hatte eine schablonierte Wand, ein leuchtendes Himmelblau und darauf ein strahlendes Gelb, beide Farben gleich stark in der Leuchtkraft, sodass ein eigentümliches Schimmern entstand, das in dem dämmerigen Licht des Zimmers, vor dessen Fenstern hohe Bäume standen, einen großen malerischen Reiz hatte. Vor der Wand sah man vom Bett aus den Waschtisch mit ganz weißem altmodischem Waschgeschirr, ein ebenfalls malerischer Anblick ohnegleichen, an dem wir jeden Morgen dieselbe Freude hatten. Leider blieb es bei uns beim »Anblick« – dem Malen eines solchen Vorbilds waren wir beide nicht gewachsen, das konnten wir nicht, überlegten aber immer, wie man es machen müsste. Man hätte es nur mit der raffiniertesten Routine bewältigen können. Und im Grunde lag Franz schon damals eine solche Aufgabe fern, er hat sich auch wohl nur im Gedenken an meine Malerei damit beschäftigt. Wir kamen jedenfalls vom Betrachten und Überlegen dieses Vorbilds nicht los. Einen Versuch machten wir nicht, wie gesagt, an Franz traten andere künstlerische Aufgaben heran.

Neben meinem Schlafzimmer lag das kleine Schlafzimmer von Franz, durch eine Tür mit dem meinen verbunden, die er aber tagsüber immer streng verschlossen hielt. Jeden Morgen stellte er seinen großen Rahmen und Leinwände an die Tür heran, jeden Abend nahm er ganz, ganz leise Stück für Stück wieder fort und öffnete die Tür zwischen unseren Stuben. Ihm machten solche Dinge Spaß.

Lenggries bescherte uns eine wunderbare Zeit voller Arbeit, Liebe und Glück. Wir gingen oft zusammen zum Malen hinaus. Anfangs jeden Morgen an einen stillen Platz, zu einer an einem Wäldchen gelegenen Schonung, die mit Tannen- und Lärchenbäumchen bewachsen war. Das Hauptproblem der Malerei hieß: »Hell, licht und sonnig.« Es wurden kiloweise Kremserweiß I und Cadmiumgelb hellst verbraucht. Aus diesen ersten Arbeitswochen blieben die Bilder »Lärchenbäumchen« und »Grüne Studie« erhalten – das Letztere ist noch in meinem Besitz. Sie waren wohl mit den Farben der Natur gemalt und doch nicht im üblichen Sinne »naturalistisch«, aber voll innerem Leben und erfreulich durch die liebevolle Hingabe an das Wesen der dargestellten Dinge.

Die Hauptarbeit des Sommers wurde dann aber das große Pferdebild. Wie im Jahre 1906, als Franz das große Frauenbild in Kochel malte, zog es ihn auch dieses Jahr mit seiner Riesenleinwand hinaus. Er malte es draußen im Freien, auf einem der schönen, stillen, abgeschiedenen Weideplätze. Diese Wiese war nur mäßig groß, sodass die Pferde nicht unerreichbar weit herumlaufen konnten. Hohe Bäume und eine dichte Hecke umgaben sie, und so konnte er seine Staffelei im Schatten aufstellen. Er selbst ging von Zeit zu Zeit, die Palette am Arm, den Pferden nach, sie beobachtend und, wie es schon immer seine Gewohnheit gewesen war, die wichtigen Einzelheiten »auswendig lernend«. Dann kam er wieder zu seiner Leinwand zurück und malte weiter. Sogar während der Mittagszeit blieb er draußen; ich brachte in einem Korb unser Mittagessen hinaus, mit Kaffee und Kuchen und allerhand guten Dingen, die er liebte, und wir saßen zusammen im Schatten der großen Bäume, unsere Mahlzeit verzehrend. Nach dem Essen wurde dann noch ein wenig geruht, die Arbeit auch wohl besprochen, bis er wieder weitermachen wollte. Erst am Abend in der Dämmerung kehrten wir heim mit seinem großen Bild, das kaum die Treppe hinauf und in unser Wohnzimmer hineinzubringen war. Es nahm fast die ganze Stube ein. Licht gab es auch wenig darin, die Fenster waren ja klein, draußen standen die großen Bäume davor, sodass es keine Möglichkeit für ihn gab, das Bild einmal in einem Raum mit ruhigem Licht und aus einigem Abstand zu betrachten. Es war überwältigend, diese riesigen Pferde im Zimmer zu sehen. Es war eine gewaltige Leistung, das Bild so weit zu bewältigen, wie er es getan hat. Er malte doch vier lebensgroße Pferde auf die Leinwand, an den Knien abgeschnitten, und er musste immer im Freien daran arbeiten, in dem Licht unter den Bäumen am Wiesenrand, das noch dazu alles grün überstrahlte. Ich bewunderte so sehr die Wucht seines Pinselstrichs und das Schwingen der Linien in der Komposition, die Kühnheit der Farben, die wirklich kühn zu nennen waren, wenn sie auch noch an die Natur erinnerten. So etwas gab es in der ganzen Malerei, die wir aus München kannten, nicht. Er arbeitete mit unermüdlicher Energie. Wenn auch die Arbeit ihm viel zu schaffen machte, wenn er sich auch sehr quälte und bedrängt fühlte von allem, was in seinem Inneren vor sich ging, wurde er doch viel ruhiger und froher und sein Humor, der ihm in den letzten Jahren fast ganz entschwunden war, kam wieder zum Durchbruch. Er konnte oft so übermütig sein. Und doch kam er – trotz des starken Lichtes und Lebens in dem Bilde – zu keinem befriedigenden Abschluss. Warum nicht? Das war die bange Frage, auf die wir keine Antwort fanden. Erst viel später kam die Einsicht, dass die schwungvolle und doch streng gebundene Komposition und die noch auf der Basis des Naturvorbildes beruhende Farbe keine Einheit ergeben konnten. Darum blieb die Wirkung unbefriedigend. So war es auch unausbleiblich, dass, irgendwann, das Hauptwerk dieses Sommers zerstört werden musste. Aber das Thema des Lenggrieser Pferdebildes hat ihn jahrelang beschäftigt. Eine Lösung gelang ihm erst viel später, als

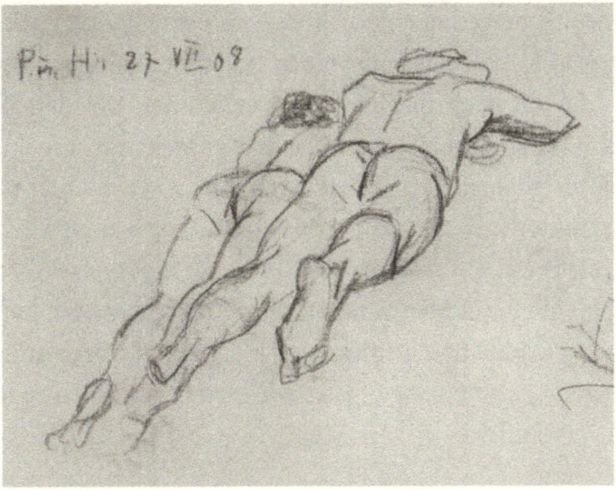


Franz Marc: *Aktskizzen* – Paul und Helene Marc am Isarufer in Lenggries »27. VII. 08«

er die Gebundenheit an die Farben der Natur überwunden hatte, in den Bildern der blauen und der gelben Pferde. Damals, im Jahre 1908, konnte Franz dies noch nicht klar werden. Er stand ganz allein, ohne beratenden, erfahrenen Kollegen, nur auf sich selbst und seinen Instinkt angewiesen. Es gab nichts für ihn, als unaufhaltsam mit unermüdlicher Energie weiterzuarbeiten.

Die Lenggrieser Monate wurden, bei aller ernsten Arbeit, eine schöne, frohe und beschwingte Zeit, die uns unzertrennlich verbunden hat. Franz wurde selbstbewusster, und die Verantwortung für seine Arbeit wurde eine ganz andere, tiefere. Wenn sich auch nach außen hin kein sichtbares Resultat zeigte, so fühlte er innerlich Vertrauen zu sich selbst und zu seiner Malerei. Und in uns lebte das beglückende Bewusstsein, dass ich alles verstand, was er erstrebte, und hineinwuchs in seine Ideen, die auch in mir fruchtbar wurden. Ich fühlte seine Liebe, die uns – nach Überwindung aller Hemmungen – nun in aller Fülle und Stärke zuströmte. Nichts mehr von dem, was uns getrennt und beherrscht hatte, war zwischen uns. Wir waren beide andere geworden – das Leben hatte einen neuen Sinn bekommen. Franz Marcs Liebe galt nicht mehr ausschließlich einem einzelnen Menschen, sondern umfasste das ganze Leben und alles, was dazugehörte – die Malerei, die zum Mittelpunkt unserer beider Leben geworden war.

Wir lebten auch in gutem Einvernehmen mit dem Senner Hans und seiner Frau. Paul und Helene kamen manchmal hinaus, dann wurde gefaulenzt und in der Isar Akt gebadet. Oder wir stiegen zusammen auf irgendeinen Berg, höchst zwanglos und froh. Franz zeichnete, Paul photographierte. Besonders schön wurde einmal mein Geburtstag gefeiert. Den Frühstückstisch hat Franz mit Blattgirlanden geschmückt und kleine Geschenke und Überraschungen hingestellt. Sein ganzes Wesen begann sich zu lockern und zu verwandeln.

Wir kamen in diesem Sommer auch wieder in engeren Kontakt mit Jean Bloé Niestlé, den Franz sehr liebte. Niestlé malte wunderbar fein und innig empfundene Tierbilder, namentlich Vögel, aber auch das Sumpf- und Moorgelände. Franz hatte viel Verständnis für den Freund und Einfühlung in sein stilles, scheues Wesen, das von einer starken inneren Glut und Beseeltheit war. Auch Niestlé hatte in jener Zeit eine Freundin gefunden, ein reizendes junges Mädchen aus der Normandie, das in Planegg bei Hans Eduard von Berlepsch-Valendas studierte, das heißt, Unterricht nahm in seinem kunstgewerblichen Atelier. Wir hatten Marguerite Legros schon im Winter – zufällig oder schicksalhaft? – auf einem Kostümfest kennengelernt. Sie und Franz waren sich fast vor Begeisterung in die Arme gefallen, denn sie trug eine normannische und er eine bretonische Bauerntracht, sie sprachen sich gleich französisch an und fanden großen Gefallen aneinander. Die Freundschaft mit Marguerite Legros hat die Zeit überdauert, auch diejenige zwischen uns Frauen, nachdem die Männer aus unseren Leben geschieden waren.

Die beiden, Niestlé und Legros, wie wir sie kurz nannten, verbrachten den Sommer, als wir in Lenggries waren, in Brunnenbach. Brunnenbach war eine Fischerei in der Nähe von Kochel, mitten im Moos gelegen, wo die stille Loisach lautlos durch das mannshohe Schilf floss. Tiere der verschiedensten Art hatten ein

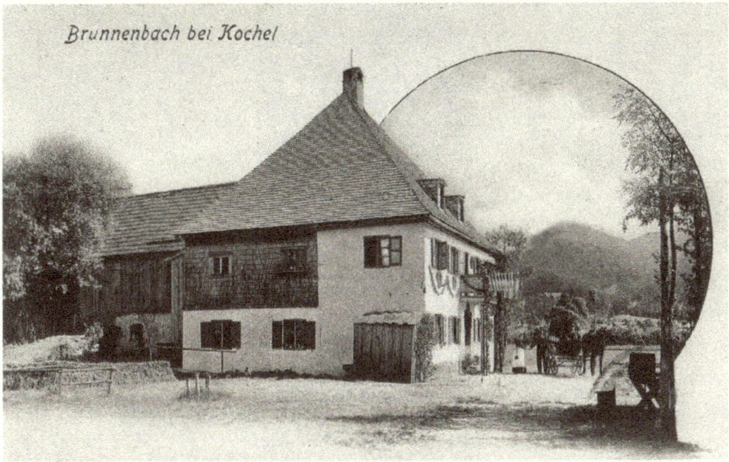


ungestörtes Leben dort, was Niestlé sehr anzog. Abends ertönten die Rufe der Brachvögel und das Quaken der Moorunken. Auch für uns war Brunnenbach ein viel geliebter und vertrauter Ort, den Franz schon von der Kinderzeit her kannte. Auch waren wir mit den Besitzern gut bekannt. Der Vater von Franz war manchmal mit den Buben dorthin gerudert. In den früheren Jahren fuhr man noch mit dem Boot bis nahe an das Haus heran. Später dann sind Franz und ich, von Kochel aus, nach Brunnenbach gewandert. Durch den Ausbau einer Straße nach Schlehdorf und durch die Regulierung der Loisach war ein Teil des Sees ausgetrocknet sowie mehr festes Land gewonnen worden, und um das Fischerhaus in Brunnenbach herum war ein trockener Platz entstanden. Heute rattern die Traktoren durch die damals unberührte Gegend, und alle Ruhe ist dahin. Es gibt kein mannshohes Schilf mehr – es ruft kein Brachvogel, man hört keine Moorunken quaken.

Schon als Niestlé uns im Jahre 1906 in Kochel besuchte, hat Franz ihm diesen eigenartigen Ort gezeigt, der für den Freund ein wahres Malerparadies wurde, sodass er oft für lange Zeit in Brunnenbach wohnte. Die alte Mutter Bierbichler, Frau des Fischers, verstand es ausgezeichnet, Fische zu bereiten, und wir haben manche Riesenportion dort verzehrt, immer am gleichen Tische

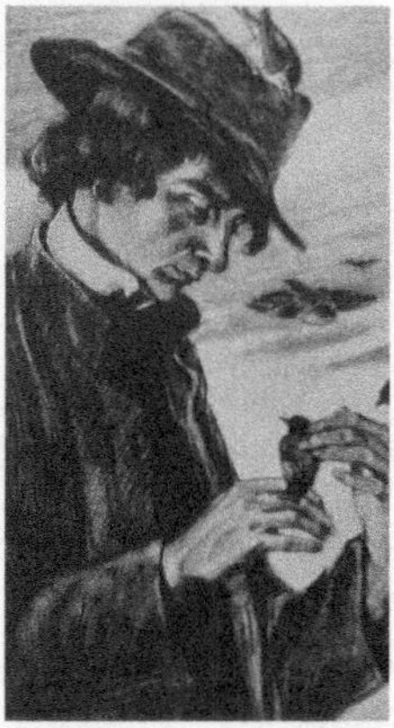

Franz Marc: *Jean Bloé Niestlé mit Vögeln*, 1906 (?)

sitzend. Franz liebte es sehr, die Fische zu zerlegen und auszuteilen – er machte das immer mit einer gewissen Würde und Feierlichkeit. Eines Mittags in Lenggries, als wir beim Essen saßen, bekam Franz plötzlich den Einfall, mit mir nach Tisch nach Brunnenbach wandern zu wollen. Wie weit es eigentlich sein würde, davon hatte er keine Ahnung, meinte aber, es wäre nicht schlimm, wir könnten das schon in ein paar Stunden machen. Der Weg war wunderbar, er führte über viele kleine Almen, durch Wald und über Wiesen und verlor sich von Zeit zu Zeit, sodass wir oft die Richtung nicht einhalten konnten. Es war herrlich, aber die Zeit schritt fort, und wir kamen zuletzt nicht heraus aus einem Wald. Darum bot sich kein Ausblick in jenes Tal, in das der Weg hinunterführen musste. Stunde um Stunde verging, es begann schon finster zu werden. Immer noch wanderten wir und wanderten. Endlich, als ich schon den Glauben verloren hatte, dass wir hinausfinden würden, erblickten wir die Lichter von Benediktbeuern. Schnell liefen wir weiter, aber es war noch ein gutes Stück Weg bis hinunter und dann noch fast eine Stunde bis Brunnenbach, das wir schließlich in tiefer Nacht erreichten. Alles schlief natürlich, und wir standen müde und hungrig vor dem Haus, trauten uns aber nicht, Lärm zu machen. Da kam Franz auf den Gedanken,

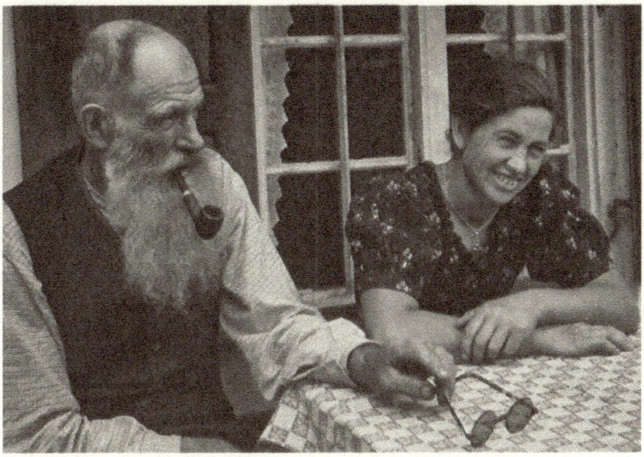

Marguerite Legros mit dem Fischer Xaver Bierbichler
in Brunnenbach, 1908 (?)

kleine Steinchen an Niestlés Kammerfenster zu werfen, bis dieser schließlich erwachte, ganz überrascht von dem späten Besuch. Er weckte auch Legros, und wir wurden freudig begrüßt, bekamen noch etwas zu essen und auch ein Nachtlager – Franz bei Niestlé und ich bei Legros im Zimmer.

Wir verlebten nach dieser nächtlichen Ankunft noch sehr schöne Tage zusammen in Brunnenbach. Niestlé und Franz waren ausgelassen wie die Schulbuben, machten allerhand Blödsinn mit Legros, die wenig deutsch verstand und ausgezeichnet geeignet war, Spaß mit sich treiben zu lassen. Sie war noch so ganz jung, wir liebten sie beide gleich herzlich und freuten uns, dass sie Niestlés Freundin geworden war. Weil wir es nun gar so schön miteinander hatten und so harmonisch, beschlossen wir, dass dic beiden mit uns nach Lenggries kommen sollten, um es kennenzulernen und zu sehen, wie nett wir es dort hatten. Um den Rückweg besonders schön zu gestalten, gingen wir einen noch längeren und höheren Weg über die Berge zurück. Da es für einen Tag Wanderung zu weit war, übernachteten wir miteinander auf der Staffelalm im Heu, bei der Nachfolgerin des Sennerfreundes Hans. Drinnen malte Franz für die Sennerin Babette, die er sehr mochte, auf den Küchenherd eine Gruppe von Rehen. Das hinzugefügte Herz mit Blumen musste er wieder übermalen, da die Sennerin den Herrn Pfarrer fürchtete.

Froh und guter Dinge stiegen wir dann am andern Tag auf der entgegengesetzten Seite der Berge hinunter, aber noch nicht gleich direkt nach Lenggries, sondern zuerst in die Jachenau. Von dort gab es eine Postverbindung nach Lenggries, die wir erreichten. Der Morgen wird mir unvergesslich bleiben. Legros und ich saßen schon in dem Wagen drin, unsere beiden übermütigen Männer standen draußen auf der Straße und fingen plötzlich an, blödsinnige Tänze aufzuführen, wie man sie den beiden nie zugetraut hätte. Sie fühlten sich so froh und frei und glücklich und tanzten wirklich wie die Verrückten auf der Landstraße herum. Und den ganzen Weg bis Lenggries gingen das frohe Lachen und der Blödsinn weiter. Aber es war so schön, wir fühlten uns so jung, und ich selber war überglücklich über die Veränderung, die mit Franz vor sich ging. Wir haben uns im Laufe dieses Sommers noch öfters besucht, es gab ja bessere Wege und sogar eine gute Postverbindung auch zwischen den beiden Tälern von Loisach und Isar.

Franz ist am liebsten gewandert. Er nahm stets im Herbst einen großen Rucksack mit, denn dann fielen die Äpfel von den Bäumen, und die Bauern erlaubten, dass man sie auflas und mitnahm. Es gab Obst im Überfluss. Dann wurden die Zwetschgen reif, und die Bauern gaben und verschenkten auch sie, so viel man tragen konnte. Daheim musste ich davon Marmelade und Gelee machen, das Franz leidenschaftlich gerne aß. Sein Frühstück und Abendessen bestand meist aus einem großen Glas frischer Milch und einem großen Teller Früchtekompott mit etwas Brot dazu. Ich musste Töpfe über Töpfe voll einkochen, ganze Berge Obst. Wenn es zu viel für mich war, half er mir dabei.

So gab es neben der Arbeit des Malens auch manch schöne Zeit des Ausspannens, was für Franz sehr notwendig war. Neben den großen Bildern entstanden in Lenggries kleinere Temperasachen und Zeichnungen nach einem Reh und einer Hirschkuh, die dort in der Gefangenschaft gehalten wurden.

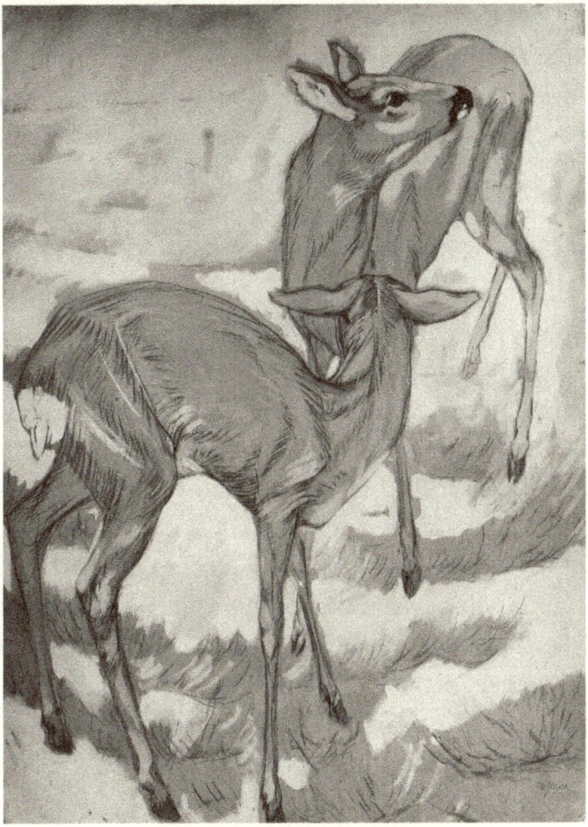

Franz Marc: *Große Rehzeichnung I,*
1908

Nur ein Ereignis hat den Sommer 1908 getrübt, dann allerdings, nachdem es überstanden war, eine große Befreiung gebracht. Das war die Ehescheidung von Franz. Schnür hatte sich endlich dazu bereit erklärt, sie machte aber ihre Drohung wahr, den Ehebruch als Grund anzugeben. Franz und ich waren innerlich sehr traurig darüber; es war ja auch nicht zu verstehen, dass Schnür sich zu einem solchen Schritt ernstlich entschließen konnte. Aber was sollten wir machen? Franz wollte und sollte doch frei werden von dieser Fessel – und ich liebte ihn so sehr, dass ich es auf mich nahm, alles mitzumachen, was dazu helfen konnte. Franz wollte nun, dass ich so gut wie möglich vor Gericht aussehen sollte, es wurde sogar ein neuer Hut gekauft! Der Termin war auf den 8. Juli festgesetzt worden, nur ich sollte vor Gericht erscheinen. Wir wohnten in den Tagen beide bei Paul und Helene in München, die Wohnung war eng, aber mit dem lieben Bemühen von Franz' Bruder und Schwägerin ging es doch, obwohl Helene krank war. Sie fürchtete schon, die Komödie vor Gericht deswegen versäumen zu müssen, denn sie wollten alle mitkommen, um mich nicht allein zu lassen. Leider kam es doch noch anders. Franz, der seine Eltern in Pasing besuchte, brach sich auf der Rückfahrt am Bahnhof den Fuß und kam hinkend zu Paul. Der Arzt, den wir holten, legte ihm einen dicken Gipsverband an, und Franz musste liegen. Die gute Helene fühlte sich darauf doppelt verpflichtet mitzukommen, sie überwand alle Schmerzen, musste jedoch bei Gericht die Enttäuschung erleben, dass die Verhandlung unter Ausschluss der Öffentlichkeit abgehalten wurde. Aber auch das verging. Ich nahm mein Kreuzlein auf mich, und Franz wurde frei. Das war die Hauptsache! Wir feierten sogar ein wenig diese Befreiung, denn er war wirklich wie von einem Alp erlöst. Der verletzte Fuß war ganz in den Hintergrund gedrängt worden. Doch mussten wir schließlich nach Lenggries zurück. Aber wie mit dem dicken Gipsverband? Ich kaufte in der Stadt einen ganz großen Filzschuh, so groß, dass er über den Gipsverband hinüberging, und in diesem Aufzuge reisten wir mit der Eisenbahn nach Tölz. Im Zug ging es ja ganz gut, doch es kam noch von Tölz nach Lenggries die Postfahrt dazu – in einem alten, sehr engen Wagen. Es war nicht anders zu machen, als dass Franz sich an den Eckplatz setzte und sein Bein mit dem Verband hinten zur Pferdekutsche hinaushängen ließ. Das machte ihm wieder einmal Spaß, er hatte eben viel Sinn für komische Situationen, selbst wenn er den Anlass dazu bot.

Diese Ehe hatten wir nun hinter uns, freilich verblieb ein Rest, wie Schnür es beabsichtigt hatte. An eine Heirat zwischen mir und Franz war vorerst nicht zu denken. Dass ich es wünschte, wird man begreifen, Franz selbst sprach in jener Zeit nicht davon, und

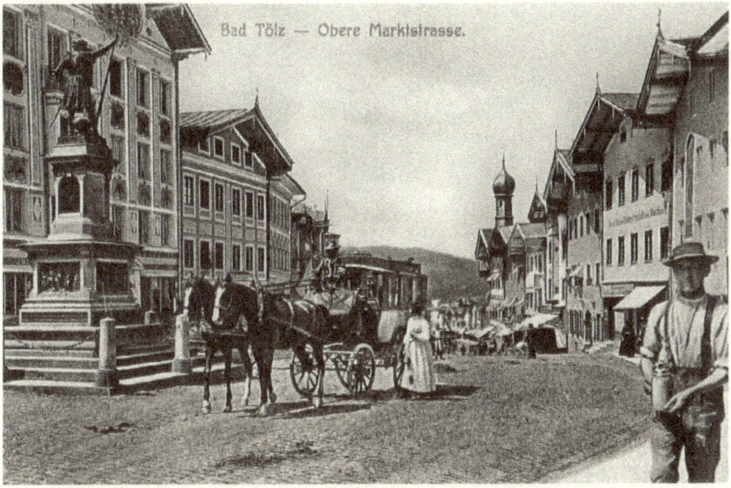


Historische Bildpostkarte: Pferdekutsche zur Personenbeförderung

so wusste ich auch nicht, wie er jetzt darüber dachte. Ich würde ihn aber niemals dazu gedrängt haben. Ich wollte mir das Vertrauen halten, dass alles einmal sich zum Besten wenden würde.

Während der überreichen und glücklichen Zeit in Lenggries befiel uns eine neue große Sorge. Franz hatte kein Geld zum Leben für den Winter und sah auch keine Möglichkeit, etwas zu verdienen. Mein Monatsgeld war immer zu gering, und er wollte es auch nicht in Anspruch nehmen, ebenso wenig wie eine Hilfe seiner Mutter. Als einzige Rettung dachte er an einen Anatomiekurs in seinem Atelier, denn die Vorträge im Künstlerinnen-Verein wurden nicht wieder aufgenommen infolge der Trennung von Schnür. Man hatte sogar der Schnür die Stelle als Lehrerin genommen. Die kleinlichen alten [Vorstands-]Frauen kehrten die Moral heraus, wir waren sehr empört darüber. Um den privaten Anatomiekurs vorzubereiten und um Schüler zu werben, war es nötig, dass Franz, früher als es ihm lieb war und er es beabsichtigt hatte, das schöne Lenggries verließ. Wir mussten es uns gestehen und es glauben – der gemeinsame Sommer war zu Ende! Wir konnten ihn nicht halten, wie wir es gern getan hätten, Franz nicht weniger

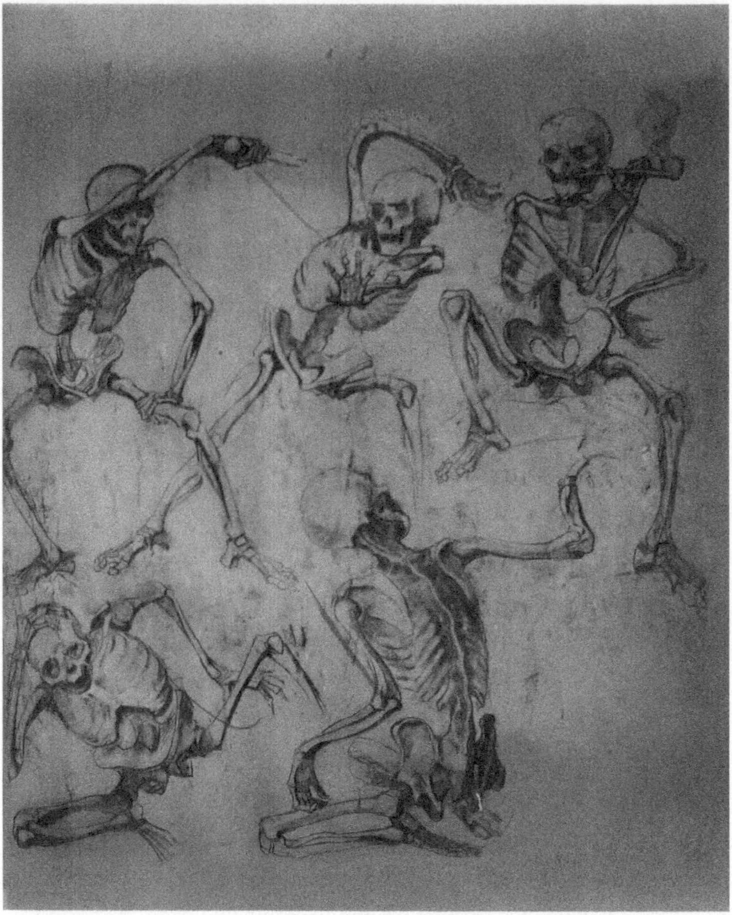

Franz Marc: *Skelette von Menschen* (Totentanz), 1908

gern als ich; denn sein Leben lief in einer festeren Bahn, die er in dem Gebirgsort an der Isar erkannt und gefunden hatte. Er war erfüllt von seinen künstlerischen Ideen und Verpflichtungen. Das äußere Leben hatte durch seine Liebe zu mir (die ganz anders geartet war als seine Liebe zu Annette) einen anderen Sinn bekommen, der ihn glücklich machte, weil er ihm zu der Beruhigung verhalf, die er für seine Aufgaben brauchte. Meine Liebe schuf eine menschlich warme Atmosphäre um ihn, die ihm wohltat. Und in mir regten sich alle guten Kräfte immer mehr und mehr, geweckt durch sein liebevolles Wesen, seine Wärme und seine immer stärker werdende Zuneigung zu mir, sodass ich wirklich aufblühte und ihm das sein konnte, was er als Gefährtin brauchte.

Er musste also nach München zurück. Ich blieb noch eine Zeit lang draußen, etwas betrübt. Zu allem anderen kam auch Anfang Oktober ein plötzlicher Kälteeinbruch, es gab 10 Grad unter null in der Nacht – alle Blumen erfroren, die Wege waren vereist, die Fenster voller Eisblumen. Ein richtiger, schwerer Winter, fast über Nacht. Ich erkältete mich natürlich und lag, da nun allein in Lenggries, etwas jammervoll und klagend darnieder. Es wurde aber noch einmal wärmer.

Nach vergeblichen Bemühungen um Schüler kam Franz noch einmal kurz von München hinaus nach Lenggries, um mich in die Stadt zu holen, wo ich inzwischen ein Atelier in der Heßstraße gemietet hatte.

Franz sah tatsächlich als einzige Verdienstmöglichkeit einen Kurs über Anatomie vor sich. »Vergleichende Menschen- und Tieranatomie« nannte er ihn. Zuerst zeichnete er einen Totentanz als Plakat, das er in der Akademie und in Malgeschäften aufhängen ließ. Außerdem ging er in einige der bekanntesten privaten Malschulen, um die Lehrer zu bitten, den Schülern seinen Kurs zu empfehlen. Das versprachen sie auch, sagten jedoch gleich, Franz möge sich keinen Illusionen hingeben, die Schüler wären im Allgemeinen zu faul und uninteressiert, sodass wenig Aussicht auf Beteiligung gegeben sei. So wurde es auch – es meldete sich kein Mensch. Zum Schluss kamen ein paar Damen und ein einziger Schüler, der lange Jahre immer getreue Eugen Esslinger, der Franz und seine Malerei sehr verehrte und auch bald ein Aquarell von ihm kaufte. Es ging mit diesem Kurs wie so oft im Leben. Den meisten war die Sache vollkommen gleichgültig; ernsthafte Künstler gab es nicht allzu viele, und diese wussten und ahnten gewiss nicht, um was es sich handelte und wie wunderbar diese Vorträge waren, wie lebendig und vielumfassend. Man konnte in der Tat nicht wissen, welche Bereicherung und Anregung Franz geben konnte, dieser Franz Marc, der wohl als Erscheinung bekannt war oder als Sohn seines Vaters, von dem man aber künstlerisch gar nichts wusste und kannte.

Seine Bilder riefen bei den wenigen Kollegen, die sie zufällig sahen, Kopfschütteln hervor, man verstand gar nicht, was er wollte, und stellte die blödesten Fragen. Die Bilder standen außer der Reihe, man erkannte in ihnen keine Manier irgendeiner der bekannten Münchner Malschulen. Selbst diejenigen, die dem Kreis der »Scholle« nahestanden, zu denen die Schöpfungen von Franz immerhin noch eine schwache Beziehung hatten, konnten nichts damit anfangen. Freilich suchte Franz andere Ziele, die weiter reichten als die Bilder der »Scholle«, wenngleich seine Ziele auch ihm selbst noch nicht klar waren – zu denen er aber hinstrebte, von unbewussten Kräften gezogen.

Der Anatomiekurs war wirklich außergewöhnlich lehrreich. Franz arbeitete selber sehr ernst daran und bereitete die Vorträge sorgfältig vor, mit großen Zeichnungen, die er mit Kohle und Kreide auf riesige Bögen Tonpapier brachte. Er tat es in der Weise, dass er entweder das Tier oder auch irgendein plastisches Werk aufzeichnete und vor unseren Augen das Skelett einzeichnete oder umgekehrt – erst das Skelett und vor unseren Augen darüber die Muskeln und schließlich das ganze Tier. Eine der schönsten dieser Zeichnungen war ein lebensgroßer Stier in starker Bewegung, der von einem Panther angefallen wurde. Alles wusste er plastisch und lebendig vor die Schüler hinzustellen, und er machte uns klar, dass man die Sache nicht erschöpfte, wenn man nur eine Ansicht von vorn und eine von der Seite zeichnete, wie es in allen Büchern über Anatomie getan wurde. Darum zeichnete er die Tiere oder die einzelnen Teile verkürzt und in Bewegung, damit uns einesteils klar wurde, dass zum Beispiel der Brustkorb tatsächlich eine Art Korb war, ein Raum, und das Becken eine Schale, beides bestimmt, die Organe in sich aufzunehmen. Andernteils sollten wir eindringlich die Vorstellung bekommen, wie alles Form war, organisch bedingte Form, gewissen Gesetzen zur Folge oder um organischer Bestimmungen willen. So zeichnete er zum Beispiel, wie ein Ohr stets bei Mensch und Tier an der gleichen Stelle sitzt, und zwar da, wo der Augenbogen (das Jochbein) den Schädel berührt, in ihn einmündet, an welcher Stelle er den Eingang zum Gehör zu schützen hat. Er brachte uns Abbildungen berühmter Plastiken, unter anderem der Chimären von Notre Dame in Paris, und zeigte daran, dass dies hier, wie bei allen guten Kunstwerken, zu erkennen sei – und dass bei Kunstwerken, die formal phantastisch und grotesk wirken, der Eindruck durchaus ein lebensnaher bliebe, wenn der organisch richtige und sinnvolle Aufbau zu Grunde läge. So wie bei allen Tieren, die Hörner oder Geweihe haben, sich diese stets über der Augenhöhle immer an der gleichen Stelle des Schädels befänden. Da gibt die Natur auch dem Auge einen natürlichen Schutz, indem Hörner und Geweihe über der Augenhöhle ihren Ansatzpunkt haben. So gibt es bei Mensch und Tier viele Parallelen, bis hinunter zu primitiveren Arten, denn sogar beim Fisch kann man erkennen, wie bei der Einmündung des Augenbogens eine Öffnung für das Gehör sitzt. Wenn man sich mit diesen Gesetzen vertraut gemacht hat, dann kann man so phantastische Formen gestalten, wie man will. Das Werk muss nur immer anatomisch richtig wirken. Alles hat seinen gesetzmäßigen und sinnvollen Zusammenhang.

Die Stunden waren so lebendig. Was konnte man alles von ihm lernen, nicht nur Anatomie, die im Grunde nur den Anlass zu den vielseitigsten Anregungen bot. Er erweckte so viel in dem Menschen, der sich seiner Lehre hingab. Und doch waren und blieben es nur die paar Damen und der eine Schüler, die diese einzigartigen Vorträge mit anhörten. Auch damals lebten in den Schülern nicht Hingabe und Interesse für Dinge, die über dem üblichen Niveau lagen. Deshalb war und blieb Franz Marc einsam.

Geliebt hat er die Vorträge nicht. Er hätte sich auch nie dazu entschlossen, die schönen großen Zeichnungen aufzubewahren oder zumindest zu photographieren. Das besorgte eine seiner treuen Schülerinnen. Sie kam eines Tage mit einem Photoapparat und erklärte, dass die Zeichnungen wenigstens auf diese Weise

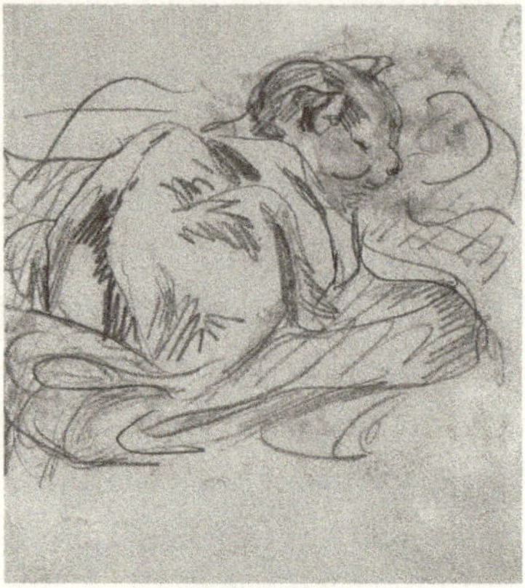

Franz Marc: *Ruhende Katze auf einem Tuch*, 1909

festgehalten werden müssten. Und das geschah auch. Nachdem eine große Zeichnung aufgenommen worden war, hat Franz Marc sie mit wahrer Wonne die Stufen zu seinem Atelier hinuntergeworfen und endlich auch zerrissen. Er war froh, als alles vernichtet war. Aber ich mache mir keine großen Vorwürfe, dass ich nicht wagte, die Papierschnipsel aufzuheben. Die Photoplatten habe ich später eingebüßt – ich konnte sie von einem Photographen, bei dem ich weitere Abzüge in Auftrag gegeben hatte, nicht zurückbekommen. So existieren nur noch einige erste Abzüge, die aber ein Bild geben von Franz Marcs hingebungsvoller Arbeit an dieser Sache.

Ich hatte noch immer in der Stadt ein eigenes Atelier und arbeitete dort manchmal für mich. Franz sagte in jener Zeit oftmals zu mir: »Ob wir wohl unser ganzes Leben so für uns allein bleiben werden und ob sich nie ein Kreis von Gleichgesinnten finden wird, die höhere, weitere Ziele haben?« Aber es war so – wir blieben wirklich allein. Friedrich Lauer [Marcs Reisegefährte 1903 in Frankreich] sahen wir fast nie mehr, kaum, dass man ihn auf der Straße traf. Er hatte sich dem Kreis um Leo Putz, Fritz Erler, Gustav Johannes Buchner etc. angeschlossen und schien kein Verständnis zu haben für das, was Franz suchte. Wir kannten uns

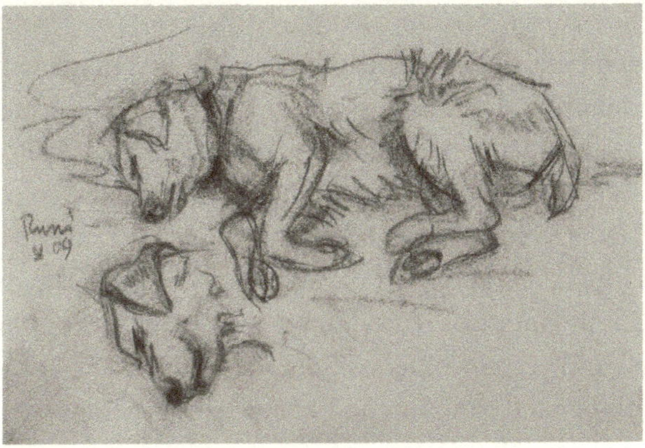

Franz Marc: *Liegender Hund* –
»Russi V 09«

auch nicht aus, warum das früher so gute menschliche Einvernehmen nicht mehr bestand. Es musste damals wahrscheinlich für Franz so sein, erst später führte uns das Leben zu den Menschen, die uns Freunde werden und bleiben sollten. Der einzige Mensch mit Verständnis für Franz war damals Jean Bloé Niestlé. Der Winter verlief still und arbeitsam, auch die kleinen Alltäglichkeiten erlebten wir gemeinsam. Ich kochte öfters für uns beide, oder wir aßen auch wohl auswärts, dann meist die von Franz so geliebten Mittagessen mit Kuchen und heißer Schokolade.

Er malte ein schönes Bild mit zwei Rehen in der Dämmerung – in Erinnerung an das Reh in Lenggries, das er oft gezeichnet und noch mehr beobachtet hatte –, außerdem ein großes Bild, genannt Sibirische Schäferhunde im Schnee und verschiedene Katzenbilder. Denn wir hatten Zuwachs bekommen, das dreifarbige Kätzchen Ruth, das Franz viel Freude machte und das er nun im Wechsel mit Russi malte, dem riesigen weißen Hund.

Seine verwitwete Mutter hatte das Pasinger Haus aufgegeben und vermietet, es war zu groß für sie allein. Sie zog in eine Pension nach München, und Russi kam zu Franz in die Schellingstraße. An dem Tag, an dem er ihn morgens früh aus Pasing holte, hatten wir gleich ein rührendes Erlebnis mit ihm. Er lag den ganzen Vormittag ziemlich still und teilnahmslos im Atelier, erst als

Franz sich zurechtmachte, um zum Mittagessen zu gehen, stand er auf und besah sich die Situation. Die Tür in dem unteren Zimmer stand offen, und Russi ging in den Garten. Ich machte Franz darauf aufmerksam und meinte, der Hund könnte fortlaufen, aber Franz sagte ruhig, »der läuft nicht fort«. Während ich mich aber umsah, läuft er doch bereits über den Hof, und ich rufe Franz und sage es ihm. Und richtig, als Franz hinausschaut, schlägt der gute Russi schon ein schnelleres Tempo an, läuft durch das vordere Haustor und verschwindet auf der Straße. Nun war auch Franz dabei, und er lief, ohne Hut und Mantel, mit der Kleiderbürste in der Hand, dem Hund nach und kam und kam nicht wieder. Ich wartete und wartete wohl über eine Stunde, bis er atemlos zurückkehrte. Bis zum Lenbachplatz hatte er Russi verfolgt, der sich von Zeit zu Zeit nach ihm umsah, um dann nur wieder schneller zu laufen. Kein Pfeifen, kein Rufen half – man sah es deutlich, er *wollte* davonlaufen. Was sollten wir nun machen? Der erste Gedanke war natürlich, nach Pasing zu telefonieren, obgleich wir uns gar nicht vorstellen konnten, wie der Hund den Weg finden sollte, den er am Morgen zum ersten Mal in der Bahn zurückgelegt hatte. Franz rief aber doch in der Nachbarschaft des Pasinger Hauses an und bat aufzupassen, ob der Hund sich etwa dort zeigte. Und richtig, es kam am übernächsten Tag der Anruf, Russi wäre in Pasing gesehen worden, erst in der Nähe des Hauses und dann auf dem Friedhof, auf dem Grab des Vaters. Er hatte sich offenbar gedacht, dass die Mutter dorthin, zu dem auch ihm bekannten Platz, einmal kommen würde, nachdem er sie nicht im Haus angetroffen hatte. Wie er den Weg gefunden hatte, haben wir nie verstanden. Das rührte uns sehr, der treue Russi hing damals mehr an der Mutter als an Franz – er war überhaupt ein seltsames Tier, eigenwillig und schwer beeinflussbar. Man könnte lange Geschichten von ihm erzählen. Er hat der Mutter nie ganz verziehen, dass sie ihn nicht bei sich behalten hatte, trotzdem er später auch an Franz sehr anhänglich war. Noch nach Jahren, als wir schon in Sindelsdorf lebten, hat er die Mutter nie recht begrüßt, wenn sie uns besuchte.

Russi blieb also bei uns, und wir waren nun zu viert. Das machte mir auch Freude, obwohl ich nie in so enger Berührung mit Tieren gelebt hatte. Es war für Franz doppelt schön, er malte die beiden Tiere, und sie leisteten ihm Gesellschaft, wenn ich nicht da war, so auch in der Weihnachtszeit.

Zum Weihnachtsfest fuhr ich, wie jedes Jahr, zu meinen Eltern nach Berlin. Wie ganz anders war es zwischen Franz und mir geworden, wie verändert klangen seine Briefe, wie ersehnte er meine Rückkehr. Er hatte nach wie vor keinen Kontakt mit den Kunstmenschen seiner Münchner Umgebung. Nur ein Kollege aus der Akademiezeit, der Landschaftsmaler Fritz Osswald, besuchte ihn jetzt zuweilen. Er ahnte, obwohl er ganz anders malte, welche schöpferische Kraft in Franz Marc steckte. Osswald hat sich später sehr freundschaftlich zu Franz verhalten und sich auch betätigt, indem er bei dem Kunsthändler Franz Josef Brakl darauf gedrungen hat, dass er Arbeiten von Franz übernahm und dann auch ausstellte. Diese wirklich großherzige Tat von Osswald hatte Folgen, die keiner voraussehen konnte. Franz bekam damals [im Februar 1910] erstmals etwas Geld auf die Hand.

Seine Briefe an mich in der Weihnachtszeit nach Berlin erzählten mir von seinem stillen Leben, von den Arbeiten, die er unter den Händen hatte. Das war an Bildern das neue Pferdebild, außer dem in Lenggries begonnenen, welches ihn auf die Dauer gar nicht befriedigte. Mit mehr Zufriedenheit schrieb Franz mir von einer Pferdegruppe, die er gerade modellierte. Er bat mich in seinen Briefen, im Berliner Museum die Plastiken von Aristide Maillol genau zu betrachten, eventuell ein wenig zu skizzieren für ihn, denn sie hatten großes Interesse bei ihm geweckt, als er sie bei seinem früheren Berliner Aufenthalt gesehen hatte. Auch von einer wunderbaren Hans-von-Marées-Ausstellung schrieb er sehr begeistert.

Aber eines Tages erhielt ich einen ganz melancholischen und betrübten Brief. Franz erzählte mir von Reinhardt, der ihm eine sehr arge Enttäuschung bereitet hatte. Er war ebenso empört wie traurig. Er berichtete, dass Frau Hirsch, deren Töchterchen Reinhardt porträtierte, diesem – voller Rührung über seine großmütige Tat, die Schwester und ihre Kinder bei sich zu haben und für sie zu sorgen – einen großen Essenskorb voller guter Lebensmittel und einen Hasen durch ihr Hausmädchen hingeschickt hatte. Das Hausmädchen sah, als es die Geschenke abgab, das kleinste Kind in seinem Bettchen liegen, wurde neugierig und fragte im Hause nach Reinhardt und der Schwester herum. Sie bekam dann erzählt, dass es gar nicht seine Schwester sei, sondern seine Geliebte und auch seine Kinder! Sie sahen ihm ja auch sehr ähnlich. Hinterher habe ich mich gewundert, dass wir es nicht bemerkt hatten. Man kann sich die Empörung der Frau Hirsch vorstellen, als sie die Sache von dieser Seite hörte, und man wird das maßlose Erstaunen von dem ahnungslosen Franz begreifen, als Herr Hirsch ihn darüber zur Rede stellte. Franz wusste in der Tat nichts davon, er war so gutgläubig Reinhardt gegenüber gewesen, und nun stand er ganz dumm da, weil man von dem Antiquar kaum verlangen konnte, zu glauben, dass Franz nicht orientiert war über die wahren Verhältnisse. Hirsch, der Franz sehr schätzte, mag wohl später überzeugt gewesen sein von Franz' Ahnungslosigkeit – aber immerhin war es eine unangenehme Situation. Außerdem bat Hirsch, dass Franz sich einmal das Porträt ansehen sollte, was Reinhardt gemalt hatte. Aber da fiel Franz fast um, so miserabel und unmöglich war es. Dies war für ihn vielleicht ein noch härterer Schlag als die falschen Aussagen über die »Schwester«. Er ging darauf zu Reinhardt hin, um ihn zur Rede zu stellen; der aber wurde noch grob und sagte, seine Familienverhältnisse gingen keinen Menschen etwas an, und er wiederholte seine Meinung, dass man reichen Leuten Kitsch hinmalen müsse, weil sie es selber so wollten. Da war ja nun nichts zu machen und nichts zu helfen. Und trotz allem konnte Franz es nicht über sich bringen, den Reinhardt ganz fallen zu lassen. Diese Nachgiebigkeit entsprang keineswegs einer Schwäche – im Gegenteil. Es war da auch ein Zusammenhang mit seiner Duldsamkeit Schnür gegenüber. Er hat mir später einmal aus dem Felde geschrieben, dass wir nicht als Richter über unsere Mitmenschen gestellt sind, sondern als Freunde neben sie. Das war von jeher seine Grundeinstellung, und so kam diese Nachgiebigkeit aus einer reinen Quelle. Er stand eben im Grunde über der Sache und kannte kaum ein persönliches Beleidigtsein. Erst in dem Augenblick, wo er erkannte, dass der andere die Härte brauchte, oder wenn er empfand, dass man ihn ausnutzen wollte und seine Großzügigkeit missverstand, zog er sich, meist schweigend, zurück. Das Schicksal von Reinhardt erschütterte und erfüllte ihn in einem Maße, und die Charakterlosigkeit dieses so begabten Menschen packte ihn derart, dass er beschloss, ein Drama darüber zu schreiben. Er hat auch tatsächlich längere Zeit daran gearbeitet, dann aber doch die Sache fallen lassen. Schließlich konnte er neben seiner Malerei nichts anderes in gleicher Weise tun.

Als das Frühjahr 1909 näher kam, tauchte natürlich die Frage auf, wo wir den nächsten Sommer verbringen wollten, um zu arbeiten. Das Stadtleben war für ihn und für mich ein notwendiges Übel. Das Hin und Her zwischen unseren beiden Ateliers trug auch nicht dazu bei, unser Zusammenleben einfach und selbstverständlich zu gestalten. Und so traten die Wünsche, aufs Land und wieder in ein ungezwungenes Leben zu kommen, sehr bald in den Vordergrund. Die große Frage war natürlich, wohin? An den zu wählenden Ort waren verschiedene Bedingungen geknüpft. Erstmal weitab von allen Menschen und für andere schwer erreichbar, um möglichst ungestört von Besuchern zu bleiben.

Wir überlegten, wohin wir unseren Weg nehmen wollten. Lenggries war uns sehr lieb gewesen, es hatte uns viel gegeben, und doch war es auf die Dauer nicht das, was Franz brauchte. Lenggries lockte ihn für ein zweites Mal nicht mehr. Es kamen, schon durch den Luxemburgischen Hof, zu viele Fremde hin. Die Erfahrung mit den zu kleinen Zimmern, in denen man kein Bild beurteilen konnte, ließ in ihm den Wunsch erwachen, einen Ort zu suchen, in dem auch die Möglichkeit gegeben war, einen großen Arbeitsraum zu mieten, der gar nicht leicht zu finden war,

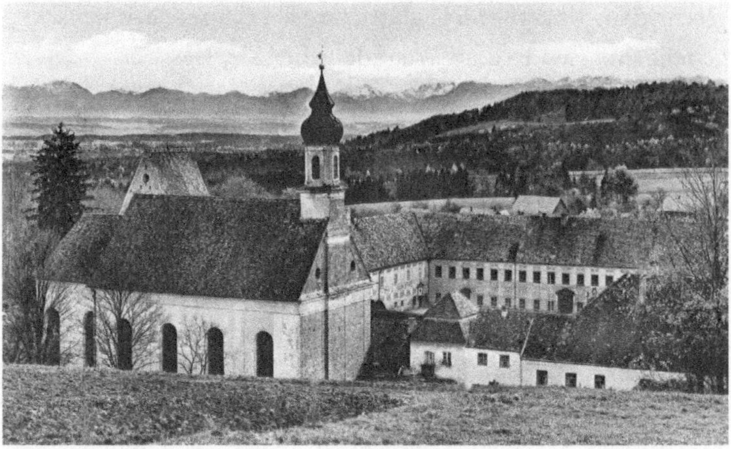

Historische Bildpostkarte: Klosterdorf Wessobrunn

zumal bei den beschränkten Mitteln, die uns zur Verfügung standen. Nur das eine war sicher, dass wir, allen Hindernissen zum Trotz, aus der Stadt fort und auf's Land wollten. So verfiel Franz auf das ehemalige Kloster Wessobrunn in der Nähe von Weilheim. Er stellte es sich sehr einfach vor, dort ein Atelier zu bekommen.

Wir machten uns eines schönen oder vielmehr nicht schönen Tages auf nach Weilheim, um von dort nach Wessobrunn zu laufen. Bis Weilheim kamen wir gut mit der Bahn, dann aber ging der Jammer an. Es war patschnasses Schneewetter, die Straße kaum mehr zu begehen, glatt, nass, sehr nass, und die Luft unangenehm kalt. Ein Vergnügen war es nicht. Dann kam die Rettung. Das Kloster gehörte Theodor von Cramer-Klett, und es überholte uns ein schöner Wagen aus dem Besitz des Freiherrn, der leer fuhr. Der Kutscher hielt an und fragte uns, ob wir mitfahren wollten. Und ob wir wollten!! Namentlich ich!! So stiegen wir also ein und fuhren wunderbar bequem jene Strecke, die natürlich viel weiter war, als wir vermutet hatten. Kurz vor Wessobrunn hielt der Kutscher an und bat uns, auszusteigen – er hätte uns natürlich nicht mitnehmen dürfen, steckte aber befriedigt sein Trinkgeld ein. Das Dorf gefiel uns nicht, schon auf den ersten Blick, das nasse Winterwetter trug auch dazu bei, es nicht einladend zu machen. Und es war auch gar nicht daran zu denken, dass Franz einen großen Arbeitsraum hätte mieten können. Es war also nichts mit Wessobrunn, sodass wir anderen Tags wieder weiter wollten.

Franz kam auf die unglückliche Idee, nach Dießen am Ammersee zu laufen. Das Wetter wurde über Nacht zwar freundlicher, aber noch kälter. Es wehte ein schneidender Ostwind. Um den Weg abzukürzen, ging Franz immer über Wiesen, das war im Sommer sehr schön, denn sie waren viel angenehmer, kein Staub, keine Wagen, womöglich war streckenweise Vieh auf den Weiden. Nun bestand er auch jetzt im späten Winter auf solchen Pfaden. Diese waren aber zum allergrößten Teil noch gänzlich von Schnee verweht, womöglich festgefroren, sodass man einbrach, wenn man darauf trat. Kurz, es wurde eine Strapaze ohnegleichen für mich. Außerdem hatte Franz den Weg auch, wie ihm das oft passierte, weit unterschätzt. Wir mussten stundenlang durch den Schnee stapfen, immer gegen den argen Ostwind, der das Gesicht fast zerschnitten hat. Ich kam gänzlich erledigt in Dießen an, bis zu Tränen erschöpft. Da hatte Franz aber nicht viel Mitleid mit mir, er konnte sich bei seiner Bärenkraft gar nicht vorstellen, wie mich ein solcher Weg, noch dazu bei strahlender Sonne, so schlapp machen konnte. Wir kamen mit einem negativen Ergebnis auch von diesem strapaziösen Ausflug nach München zurück und wussten nicht, wohin im Sommer, als plötzlich irgendjemand das Wort »Sindelsdorf« aussprach! Sindelsdorf? fragten wir, ist das nicht das Dörfchen, das wir in Kochel immer von unserem »Tränenhügel« beim Malen hatten liegen sehen? Und das allgemein als »langweilig« galt? Ja, hieß es, man sieht es von Kochel aus.

Nun wurde beschlossen, doch einmal hinzufahren und es sich anzusehen, um dann weiter die ganze Gegend zu besichtigen, ob sich nicht irgendein passender Ort finden ließe. Wir wollten gleich ein paar Tage unterwegs bleiben. Der Zeitpunkt des Aufbruchs wurde bestimmt. Wir fuhren in Begleitung von Jean Bloé Niestlé und Eugen Esslinger nach Penzberg und liefen von dort

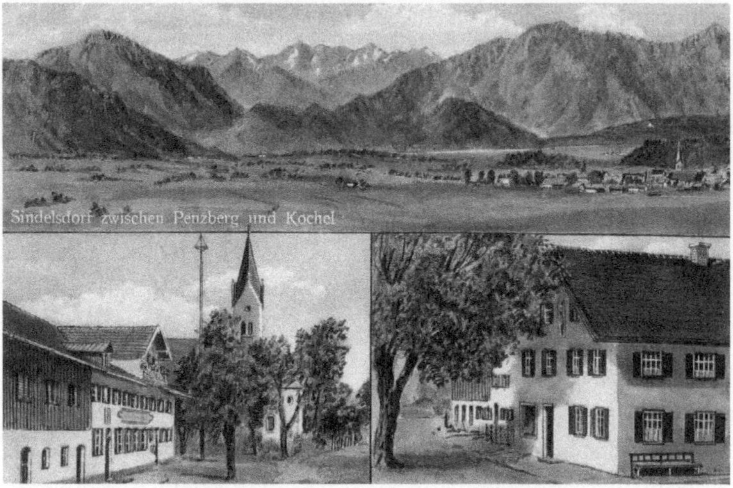


Historische Bildpostkarte: Ansichten Sindelsdorf

eine schön mit Birken bestandene Straße den Bergen entgegen. Das Wetter war diesmal viel günstiger, leichter Frost und kaum mehr Schnee. In Sindelsdorf machten wir Halt. Sindelsdorf in seiner Einfachheit hatte es Franz sofort angetan, und er schaute sich die unmittelbare Umgebung sehr genau an, denn auch sie gefiel ihm eigentlich vom ersten Moment an besonders gut, bot sie ihm doch das, was er suchte. Jetzt galt es nur, eine passende Wohnung zu finden, die einen Arbeitsraum hatte. Und wirklich war eine solche vorhanden. Man wies uns zum Zimmermeister Josef Niggl, der hatte am Ende des Dorfes ein nettes, neu gebautes Haus. Es lag etwas frei mit Aussicht auf die Kocheler Berge, das hügelige Vorland und das schöne Moor. Wir sahen uns eine Wohnung im 1. Stock an, die uns gefiel. Drei Zimmer und darüber, unter dem Dach, ein großer Speicherraum mit einem genügend hellen Fenster. Die Leute waren hocherfreut über die Aussicht, Mieter zu bekommen. Wir wurden rasch über den Mietpreis einig und versprachen bald, nach einem endgültigen Entschluss, zurückzukommen. Die ganze Gegend interessierte uns, und wir wollten alles anschauen, bis wir zur Entscheidung kamen, weil der Ort, den wir wählten, ein dauernder werden sollte. Außerdem freuten wir uns, in Brunnenbach und Kochel Besuche machen zu können. Wir fanden tatsächlich auf unseren Wegen nichts, was Franz nur annähernd so geeignet fand wie Sindelsdorf – Gegend, Wohnung, Arbeitsgelegenheit, alles, was er brauchte, war da. Der ganze Ausflug verlief wunderschön, wir konnten über das festgefrorene Moor nach Sindelsdorf zurücklaufen und mieteten die Wohnung fest für den ganzen Sommer. Ich bin nicht so sehr gern nach Sindelsdorf gegangen. Mir erschien das Dorf reichlich primitiv, und das war es auch. Und die Landschaft war mir zu herb. Es lag auch ziemlich abseits. Man konnte schwer hinkommen und musste von der Bahnstation Penzberg aus, bei Wind und Wetter, eine Stunde lang laufen. Franz aber war glücklich. Er lebte nun voller Freude und in der Hoffnung auf den Sommer und seine Arbeit, schmiedete auch Pläne für dieses oder jenes Bild, vor allem für ein großes Landschaftsbild, das er von einem erhöhten Punkt aus zu malen gedachte. Ob er geahnt hat, wie sehr diese Gegend ihm die Anregung bringen würde, die er brauchte? Es war förmlich schicksalhaft, dass wir das kleine Sindelsdorf fanden.

Es hielt uns in München nicht mehr viel, der Anatomiekurs war bald zu Ende, und besondere Arbeiten lagen nicht vor. Wie Franz in diesem Jahr zu Geld für den Sommer gekommen ist, kann ich mich nicht mehr erinnern. Der treue Schüler Esslinger kam mit uns nach Sindelsdorf, und sein Honorar gab wohl für Franz die Existenzbasis ab. Knapp war es auf alle Fälle, aber es ging. Das Leben da draußen war auch billiger. Sobald es das Wetter einigermaßen zu erlauben schien, zogen wir hinaus, nicht ahnend, welch eine überreiche, fruchtbare Zeit uns beschieden sein würde.

Anfang Mai des Jahres 1909 wurde es ernst mit unserem Entschluss. Es wurde alles gepackt und hinausgeschickt – und wir selber fuhren an einem trüben, regnerischen Frühlingstag von München nach Penzberg mit der Bahn, einem neuen Leben entgegen. Und dann liefen wir besagte Stunde zu Fuß. Es war ein wirklich komischer Aufzug, in dem wir da die Landstraße nach Sindelsdorf wanderten. Franz hatte einen ungeheuren Rucksack auf dem Rücken und seinen Hund, den Russi, an der Leine; ich trug neben meinem Rucksack noch ein Körbchen mit unserer Ruth, dem Kätzchen. Und so kamen wir in Sindelsdorf an, in eine unbewohnte, unwohnliche Wohnung, die uns kalt, eiskalt, und ungemütlich empfing. Sie hat es sich nicht träumen lassen, welch anderes Gesicht sie im Laufe der Jahre bekommen würde. Auch ich habe es mir nicht vorgestellt. Mir war es doch ein wenig bänglich zumute, wie es werden würde. Es tauchte in mir die Frage auf, wie diese Abgeschiedenheit sich auf Franz auswirken würde. Er aber hatte mit seinem sicheren Instinkt das einzig Richtige für sich erwählt. Er kam schnell und gut ins Arbeiten.

Unsere Wohnung bestand aus drei Zimmern im 1. Stock des Hauses in der Art von bayerischen Bauernhäusern. Die Leute hatten vier Kinder, zwei Knaben und zwei Mädchen, mit denen wir bald gut Freund wurden. Ein Kindlein – es war dann ein Zwillingspärchen – wurde noch erwartet. Diese Wohnung hatte auf der einen Seite des Hausganges zwei, auf der anderen Seite ein Zimmer. Franz hatte sich gedacht, dass ich die zwei zusammenhängenden Zimmer nehmen sollte – das kleine zum Schlafen, das größere als Wohnzimmer, das zur gemeinsamen Benutzung dienen sollte. Auch wenn wir Besuch bekamen. Es schien ihm so am besten, weil wir ja nicht verheiratet waren. Wir konnten so die Gäste unbefangener zum Tee oder zum Essen einladen. Als wir nun aber hinauskamen, bemerkte er, dass gerade das kleine Zimmerchen, in dem ich schlafen sollte, nach Norden gelegen war und es sehr ungesund für mein rheumatisches Leiden werden musste. Auch wegen meiner Überempfindlichkeit mit Schnupfen und Erkältungen war es nichts. So drehten wir dann doch die Geschichte um, ich zog in das einzeln gelegene Südzimmer und Franz in die beiden anderen. Schließlich war ja unser inniges Zusammenleben nicht zu verbergen. Außerdem lag Sindelsdorf eine Stunde von der Bahnstation entfernt; wir kannten wenig Men-

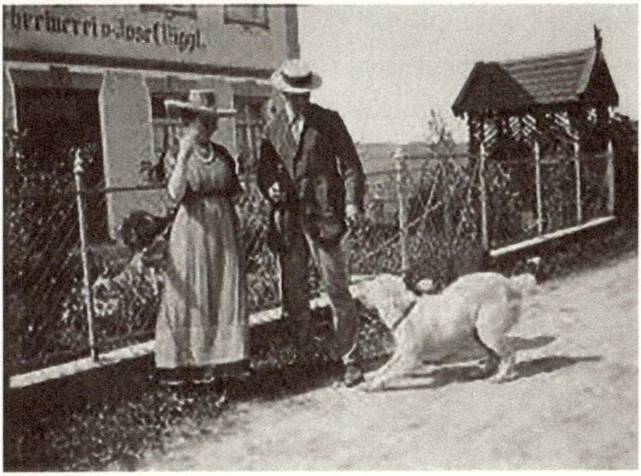

Franz Marc mit Maria Franck und Hund Russi in Sindelsdorf vor dem Haus der Eheleute Niggl, 1911

schen, also war nicht allzu viel Besuch zu befürchten. Das sollte erst in den folgenden Jahren anders werden, nachdem Franz Marcs Name bekannt geworden war. Wir sahen von unserem Balkon, den man vom Arbeitsraum im Speicher oben betrat, auf grünes Grasland, auf dem junge Fohlen herumsprangen. Eines der ersten Bilder in Sindelsdorf wurde ein Bild mit den zwei Fohlen auf der Frühlingswiese.

Unser Leben gestaltete sich von Anfang an harmonisch und schön, wir hatten doch beide eine große Verwandlung durchgemacht. Wir blieben auch nicht ganz allein. Der Schüler Esslinger wohnte im Sindelsdorfer Gasthof, und Franz' Mutter besuchte uns für ein paar Wochen. Es war sehr lieb von ihr, dass sie kam; unser Zusammenleben war nach außen dadurch doch etwas gedeckt. Auch Annette mietete für sich und ihre Kinder eine Wohnung in Sindelsdorf und war von Zeit zu Zeit draußen. Sie interessierte sich sehr für den dortigen Weber und Färber Josef Schäffler und hat auch mit ihm gearbeitet. So ergab sich ein wenig Geselligkeit, wenigstens in den Sommerwochen. Jean Bloé Niestlé und Marguerite Legros waren in Brunnenbach. Da die Fischerei nicht sehr weit von Sindelsdorf entfernt war, sahen wir uns manchmal.

Der Mittelpunkt unseres Lebens blieb natürlich immer die Malerei von Franz – er arbeitete unausgesetzt, tagsüber im Freien, bei schlechtem Wetter in seinem Speicher-Atelier. Abends arbeitete er an kleinen Dingen, zeichnete oder aquarellierte in seinen Skizzenbüchern oder modellierte, immer tätig, aber immer gelassen, ohne Hast. Manchmal spielte er mit seinem Schüler Esslinger am Abend Schach. Die Gegend wurde ihm von Tag zu Tag lieber, wir durchstreiften sie nach und nach, um sie kennenzulernen. Besonders schön war es draußen auf dem Land für unseren Hund. Täglich wurden am Nachmittag Spaziergänge mit ihm unternommen, worauf Franz mit großer Konsequenz bestand. Russi lag schon am Morgen bei unserem Frühstück unter dem Tisch in Franz' Nähe. Betteln durfte er nicht, das war streng verboten. Franz aber suchte das Verbot dadurch zu umgehen, indem er plötzlich aufstand und ganz verstohlen etwas Gutes für seinen Russi »verlor«.

Die Gegend um Sindelsdorf war wellig, Erhebungen wechselten ab mit Bodensenkungen. Da waren diese hügeligen Weiden mit interessanten Überschneidungen im Terrain. Das darauf weidende Vieh, Pferde und Rinder, bot dem Beobachter immer wechselnde lebendige Szenen, die eine unerschöpfliche Inspirationsquelle für Franz werden sollten, der so etwas ja schon beim ersten Besuch im Winter geahnt hatte. Franz erfasste gleich die Landschaft, die tatsächlich etwas sehr Besonderes hat: das stellenweise sich weit Ausbreitende, die Moore, das Licht, die schwingenden Formen, die teils bewaldeten, teils kahlen Hügel und niederen Höhenzüge, alles hatte etwas eigenartig Charaktervolles in den Proportionen, was er sofort empfand, während mir das anfangs etwas fremd blieb.

Überall auf den hügeligen Weiden waren Pferde und Kühe, immer abwechslungsreiche Bilder zeigend; die Tiere standen teilweise gegen die Luft, teilweise gegen das Terrain, so wie er es dann gemalt hat. Das Ganze kam den Wünschen von Franz entgegen, die Gegend war genau das, was er sich vorgestellt hatte. Da wir im Wirtshaus zu Mittag aßen, kam auch ich zum Malen. Wenn auch nicht viel nach außen hin davon zu sehen war, so förderte es mich doch innerlich, und ich konnte mit immer mehr Verständnis der Arbeit des Gefährten folgen.

Die volle Schönheit und Erhabenheit der Landschaft um Sindelsdorf hat sich mir sehr viel später vollständig erschlossen. Erst nach langer Abwesenheit empfand ich den Schwung, die eigenartigen Geländeformen und sah überall in der Natur Franz Marcs Bilder, auch die unnatürlichsten. Das war, als ich mich im Sommer 1942 überwinden konnte, nach allem Leid, das mir sein Tod gebracht hatte, wieder einmal nach Sindelsdorf zu wandern. Es war mir 28 Jahre lang ganz unmöglich gewesen. Und nun die Freude, mit meiner lieben Freundin Marguerite, der Witwe von Jean Bloé, und mit ihren beiden Töchtern zusammen dort zu sein. Ihre Gesellschaft hatte mich dazu gebracht, diesen Ort, wo ich so glücklich gewesen war, wieder aufzusuchen. Wie viel Zeit war vergangen, seit wir von dort fortgezogen waren? Es war ein ganz eigenartiges Erlebnis, als ich, still, einen Wald betrat – es standen Marcs Bilder von den Hirschen und Rehen deutlich und lebendig vor mir, so wie ich es in keinem anderen Wald erlebt hatte und habe. Die Gegend ist heute in manchem verändert, die Bäume im Dorf sind stark gewachsen, und manches ist gebaut worden. Aber plötzlich kam nun wieder das Gefühl des damaligen Sindelsdorf über mich, das neue überlagernd. Leider wurde ich auch enttäuscht. Ich hatte mich auf zwei Punkte in der Landschaft gefreut und ging nun in wehmütiger Erinnerung zu der Stelle, von der aus Franz sein ganz großes Bild gemalt hatte, die Landschaft in den Rhythmen der Linien von Sindelsdorf. Als ich jetzt nach Jahrzehnten an diese Stelle trat, war die große weite Landschaft verschwunden, die kleinen Tännchen von damals waren große Tannen geworden und hatten den herrlichen Ausblick verdeckt. Auch ein zweiter Platz war verschwunden. Wir hatten oft und gern auf unseren Spaziergängen in einer Schonung an einem Wege gesessen, der in geringer Höhe um einen kleinen Weiher herumführte. Es war ein ganz stiller und abgeschiedener Platz. Als wir eines Tages dort saßen, erblickten wir Russi, nicht weit von uns, wie er,

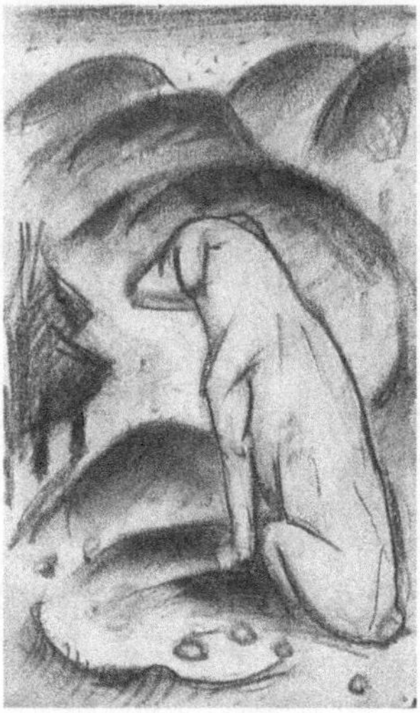

Franz Marc:
Studie *Hund vor der Welt*, 1911/12

ganz wie wir, ernsthaft die Landschaft betrachtete, und Franz sagte zu mir: »Wie mag dies Landschaftsbild in seinem Hundekopf wohl aussehen?« Das regte ihn an, das Bild »Hund vor der Welt« zu malen. Das geschah freilich erst in einem späteren Jahr des Sindelsdorfer Aufenthalts. Auch ein dritter Platz war verschwunden. Auf der anderen Seite des Weihers angelangt, hoffte ich nun endlich einen der alten Ausblicke von droben haben zu können, kam aber nicht dorthin, von Stacheldrähten aufgehalten – einem Labyrinth von Stacheldrähten. Alles war verändert und verdorben.

Zunächst hatte Franz in Sindelsdorf – neben der Arbeit an einer neuen Fassung des Lenggrieser Pferdebildes – auch wieder vor der Natur in ganz großem Format eine wunderbare Landschaft zu malen begonnen. Der Weg zu der Stelle, von der aus er einst noch den schönen Blick in die Ferne hatte, war etwas zu weit von unserem Hause entfernt, als dass er die riesige Leinwand immer hätte hinaus und hinauf schleppen können. Er ließ sich darum oben im Wald in der Nähe seines Arbeitsplatzes eine Art Hütte bauen, um alles Material, samt der Malerei, dort zu lassen. Und nun begann er das Bild mit großer Begeisterung und Wucht. Bis zum Herbst hat er daran gemalt; die Farben des Frühlings gingen über in die des Sommers – und schließlich wurden es herbstliche Farben. Das Bild wurde nach und nach immer dicker, schließlich so dick, dass die Farben keine Leuchtkraft mehr hatten. Eines Tages bat er mich, mit ihm hinauszukommen, um das Landschaftsbild anzuschauen, weil es ihn nicht befriedigte. Was sollte ich sagen, als ich es sah? Es war vermalt, die eigentliche künstlerische Idee war ganz matt geworden, die Farben stumpf. Ich konnte nicht anders, als ihm zu bekennen, dass es auch in meinen Augen nicht gut war. So nahm er plötzlich sein Messer aus der Tasche und schnitt das Bild mitten durch – an dem Platz, an dem er monatelang daran gearbeitet hatte. Es ist Franz selber sehr nahegegangen, ihm kamen Tränen in die Augen. Wieder war das wichtigste Bild des Sommers nicht zu einem guten Ende gekommen. Die kleinen Formate wirkten einheitlich und gut und befriedigten ihn, aber die Aufgabe Hauptwerk blieb ungelöst.

Bei unserem Fortgehen aus Sindelsdorf ließen wir einen großen Teil unserer Sachen dort und mieteten die Wohnung für den nächsten Sommer wieder.

Die Arbeit von Franz in seinem Münchner Atelier ging jetzt gut weiter. Er hatte verschiedene kleinere Arbeiten unter den Händen – Aktbilder in Tempera, auch Lithographien (u.a. badende Frauen). Es entstanden Bilder von unserem Kätzchen Ruth, das ja auch in Sindelsdorf mit uns gewesen war. Seine Versuche mit kleinen Plastiken, die er von den Rehen machen wollte, sind ihm nicht so gelungen, wie er es wollte. Dafür arbeitete er an einem Panther, der ihn viel mehr befriedigte. Darin konnte er seine Ideen von Plastiken anders verwirklichen. Diese Arbeit gelang ihm so gut, dass er den Wunsch hatte, sie in Bronze gießen zu lassen. Franz setzte sich mit einem Gießer in Verbindung, besprach alles für den Guss, der dann auch wirklich zur Ausführung kam. Wir sind öfters zu dem Gießer hingegangen, meist den langen Weg von der Schellingstraße bis in die Gegend der Theresienwiese zu Fuß mit seinem Hund, dem Russi. Ich erinnere mich so gut an diese Wege durch die ganze Stadt, es interessierte mich alles, was Franz unternahm, es hatte immer Hand und Fuß und wurde zu Ende geführt, sei es selbst bis zur Zerstörung, wenn es nicht so wurde, wie er wollte. Es wurde nichts halb getan – entweder oder!!

Im Spätherbst des Jahres 1909 trat dann ein Ereignis von ungeheurer Tragweite in unser Leben. Um nicht ganz an das uns unnatürliche Leben in der Stadt gebunden zu sein, hatte ich für mich eine kleine Wohnung in einer Villa in Gräfelfing, einem Vorort von München, gemietet. Franz Marc kam oftmals hinaus, für den ganzen Tag, auch, um später im Winter im Schnee draußen zu malen. Und Russi sollte Bewegungsfreiheit haben. Darum nahm ich abends, wenn ich in der Stadt gewesen war, den großen Hund immer mit nach Gräfelfing hinaus.

Als ich einmal zu Franz in sein Atelier kam und er infolge einer starken Erkältung nicht ausgehen konnte, empfing er mich mit der sehr interessanten Frage, ob mir in der Stadt so seltsame Ankündigungen einer Ausstellung der Neuen Künstler-Vereinigung München aufgefallen seien. Er hatte die Plakate gesehen, konnte sich aber nicht darum kümmern, weil er sich nicht wohlfühlte. Mir waren sie nicht aufgefallen, und so schickte er mich direkt in die Ausstellung [vom 1. bis zum 15. Dezember 1909] in Heinrich Thannhausers Galerie, für die die Plakate warben. Vorher hatten wir überlegt: Was bedeutete Neue ? Künstler-Vereinigung München. Wer waren diese Maler, deren Namen man nicht kannte, die aber vielfach ihre östliche Herkunft verrieten? Als ich den großen Ausstellungsraum im Arco-Palais betrat, traute ich meinen Augen nicht. Das, was ich dort sah, war etwas ganz Unerhörtes – was mir nie begegnet war; derartige Bilder hatte ich wirklich nie zuvor gesehen. Zufällig traf ich den Schüler von Franz – Eugen Esslinger –, der genauso, fast erschrocken, auf die Bilder reagierte. Wir wussten in der Tat nicht, was wir dazu sagen sollten, fühlten uns aber trotzdem von den Bildern angezogen. Konnten uns einesteils der starken Wirkung nicht entziehen und standen doch andererseits ziemlich ratlos davor. Sprachlos vor Erstaunen schauten wir an, was wir dort zu sehen bekamen. Seltsame Bilder von erstaunlicher Farbigkeit und Leuchtkraft, auch viel Starkes darin, alles sehr fremdartig, aber trotzdem zwingend und anziehend. Thannhauser sprach uns an und trat kräftig für die Bilder ein und sprach von dem großen Ernst, mit dem die Künstler zu ihren eigenartigen Werken stünden. Je länger ich sie ansah, umso mehr machten sie Eindruck auf mich, stilistisch war ich ganz benommen, kaufte einen Katalog und lief zu Franz ins Atelier. Er begeisterte sich sofort an den Abbildungen des Katalogs und meinte, dass etwas ganz Außerordentliches dahinterstecken würde. Er konnte die Zeit nicht abwarten, hinzugehen. Als er endlich dazu kam, fand er nicht nur seine Erwartungen bestätigt, sondern weit übertroffen. Man kann sich heute gar keine Vorstellung von dieser außerordentlich befremdlichen Wirkung machen, wenn man, ohne Vorbereitung, plötzlich vor Bildern stand, wie solchen aus der romantischen Periode von Wassily Kandinsky, dann vor Figurendarstellungen von Alexej Jawlensky, wie seine »Weiße Feder«, oder vor der »Amazonenschlacht« von Wladimir von Bechtejeff und vor den seltsamen Bildern von Marianne von Werefkin oder den eigenartig stimmungsvollen Stillleben von Gabriele Münter, dann Adolf Erbslöh, Alexander Kanoldt, Erma Bossi und so weiter. Es war unfasslich und in höchstem Maße aufregend. Franz wäre am liebsten sofort zu den Leuten hingestürmt. Aber ich habe ihn zurückgehalten, mir war die Sache zu unheimlich und fremdartig. Ich misstraute etwas den Erzählungen von Galerist Thannhauser, und ich kannte Franz' schnelle Begeisterungsfähigkeit, die, wie ich fürchtete, mit ihm durchgehen würde. Ich riet ihm, noch zu warten, ob die Bilder standhalten würden. Sie schienen mir etwas so Unerhörtes zu sein, dass man ebenso gut den Beginn eines Aufstiegs wie das Gegenteil vermuten konnte. Also wartete auch Franz ab. Aber das ganz große begeisterte Interesse blieb wach in ihm – und mehr als das. Es war ein gewaltiges Erlebnis für uns, und Franz – der schon mit heller

Begeisterung den Katalog betrachtet hatte – begriff für sich und seine Malerei Möglichkeiten, an die vorher gar kein Gedanke war. Aber infolge seiner Treue und Ehrlichkeit zu seinem innersten Wesen hat er nicht angefangen, plötzlich ganz anders zu malen, sondern anfangs ganz vorsichtig versucht, seine Bilder farbiger zu gestalten – wie zum Beispiel das Bild »Katzen auf rotem Tuch« und die immer farbiger werdenden Pferdebilder. Es begann sich in ihm etwas zu regen, das nach und nach zum Ausdruck kam. Ungeahnte Möglichkeiten standen vor ihm, der Weg aber blieb schwierig, weil er nicht imstande war, etwas nach außen zu bringen, was er nicht bis ins letzte Empfinden hinein verantworten konnte.

Zu Beginn des Jahres 1910 sollte nochmals ein großer Wendepunkt kommen, der unser Leben und die Malerei von Franz in eine entscheidende neue Richtung lenkte. Als ich wie immer zur Weihnachtszeit und in den Wochen danach bei meinen Eltern in Berlin war, schrieb Franz mir von einem Besuch, den er gehabt hatte:

> Nun muss ich Dir ein Erlebnis von heute schildern, von dem ich mir manche angenehme Möglichkeiten verspreche. Es klopft. – Vor der Türe stehen drei sehr junge und ziemlich elegante Herren. Fragen nach mir. Sie haben bei [dem Münchner Kunsthändler Franz Josef] Brakl zwei Lithographien (»unter dem Tisch«) stehen sehen, die Pferde im Walde und die Badenden Frauen, von denen sie so begeistert sind, dass sie mich kennenlernen wollen. Brakl, bei dem sie sich als evtl. Käufer benahmen, hat ihnen absolut nichts anderes von mir gezeigt und sie durchaus auf Adolf Münzer, Leo Putz etc. zu hetzen versucht. Sie waren sehr erstaunt zu hören, dass Brakl schon eine ganze Reihe Sachen von mir hat. Er scheint mit meinen Sachen um jeden Preis zurückhalten zu wollen. Nun aber das Wertvollere. Die drei Herren sind Maler, und Cézanne ist ihr Gott.*

* Maler waren, wie Marc etwas später erfuhr, nur August und Helmuth Macke.

> Und der Vater des einen hat eine berühmte Sammlung von van Gogh, Cézanne, Maillol etc. Die drei machten auch einen mehr als vermögenden Eindruck. Haben sich alles angesehen. Über ihre Urteilsfähigkeit kenne ich mich noch nicht so ganz aus. Jedenfalls können ihnen Bilder nicht hell und farbig genug sein. Am meisten haben sie sich fast an meinen Plastiken gefreut. Sie leben momentan am Tegernsee, wohin sie mich dringend eingeladen. Der *eine* (nicht der Sohn des Sammlers) besitzt selbst eine Maillol-Plastik, Cézanne-Lithographien etc. Ich fahr jedenfalls einmal mit Dir – ich sprach von Dir und Deinem Interesse für die Sachen – hinaus. Sie kennen natürlich Paris und die Sammlungen dort genau; der eine, Herr Macke, ist aus Bonn. Vielleicht finde ich hier einen Kreis von intelligenten Malern; ich zeigte ihnen auch die Niestlé-Bilder, die ihnen sehr imponierten. Die Verbindung mit dem Berliner Herrn – den Namen habe ich nicht erfahren (ich hatte den Eindruck, dass der eine seinen Namen ausdrücklich verschwieg) – ist auch vielleicht aussichtsreich. Jedenfalls weht in diesem kleinen Kreis eine andere Luft. Aber keine Spur von Boheme – das Gegenteil, tipptopp. Über Maurice Denis schimpften sie etwas – reines Himbeer; wenigstens seit den letzten Jahren. – Ich machte eine Andeutung, dass es mir momentan wertvoller wäre, wenn man bei Brakl kaufte als privatim bei mir. – Also weißt Du wieder einmal was »Neues« – i hör mi schon gehn! Etwas gefreut hat es mich doch, weil aus den Leuten eine seltene, uneigennützige Kunstbegeisterung sprach und selbständiges Handeln …

Soweit seine Schilderung in dem Brief.

August Macke lebte damals in Tegernsee, und auch sein Vetter Helmuth war längere Zeit dort, um zu malen. In der Zeit nach Weihnachten hatten sie Besuch vom jungen Bernhard Koehler und beschlossen eines Tages, zusammen nach München zu fahren, um sich einmal umzuschauen, was es bei den Kunsthändlern zu sehen gäbe. So waren sie bei Brakl – und langweilten sich, weil sie nichts Anregendes und Interessantes fanden. Sie fragten sogar, ob er denn nur immer dieselben Künstler und die gleichen Bilder zeige und gar nichts anderes hätte. Aber er ging nicht auf die Fragen ein, als plötzlich einer von den dreien, welcher es zuerst tat, bleibt ungelöst – sie machten alle Anspruch darauf –, unter einem Tisch eine gerahmte Lithographie – es war die Lithographie »Pferde im Walde« von Franz Marc – hervorzieht, zur allgemeinen Überraschung, und nun wissen wollte, wer dieses Blatt gemacht hätte. Brakl antwortete darauf – sehr von oben herab –, das wäre so ein armer Teufel aus Schwabing, der kein Geld hätte und dem etwas abzukaufen er gedrängt worden sei. Franz war in jener Zeit in argen pekuniären Bedrängnissen. Brakl war Franz gegenüber immer sehr ablehnend gewesen, bespöttelte seine Plastiken, von denen er behauptete, sie wären zu ungeeignet, um in einem »Salon« aufgestellt zu werden. Außerdem schimpfte er immer über Franz' große Stiefel, mit denen er vom Land hereinkam, die ebenfalls in einen eleganten Kunstsalon nicht passten. Die Frage der jungen Herren, ob er auch Gemälde von Marc hätte, verneinte Brakl, obwohl er vier bis fünf von ihm hatte. Die Sache war eben die, dass der Vater des einen jungen Mannes, Bernhard Koehler sen., ein bekannter Berliner Sammler war, an den der Galerist seine anderen vorhandenen Bilder gern losgeworden wäre. Die Bilder von Franz Marc wollte Brakl auch deshalb nicht zeigen, weil er von ihnen ebenfalls nichts hielt und er sie tatsächlich nur auf Druck von Fritz Osswald genommen hatte. Was sollte Brakl mit diesen eigenbrötlerischen Bildern eines unbekannten Schwabinger Malers für Ruhm ernten oder Geschäfte machen? Aber er sollte sich bald getäuscht sehen.

Die drei Besucher hatten großes Interesse und viel Freude an den Lithographien und beschlossen, diesen »armen Teufel« in Schwabing aufzusuchen. Die Anschrift bekamen sie nicht bei Brakl, sie holten sie sich aus einem Adressbuch. Und nun gingen sie auf die Suche nach Franz Marc. Sie waren sehr erstaunt, als sie ihn in einem recht anständigen Atelier in einem Gärtchen des

Hofes Schellingstraße 33 fanden. Eine Hundehütte stand davor mit einem schönen weißen Hund. Und die Überraschung wuchs, als auf ihr Klingeln Franz Marc mit Malerkittel und Palette und in seiner ganzen Größe die Tür öffnete. Er war ja wirklich eine auffallende und eindrucksvolle Erscheinung. Und was sie an Arbeiten sahen, erstaunte sie ebenso. Nach kurzer Zeit waren sie in eifrigstem Gespräch. Ihre Freude über eine so unerwartete Begegnung wurde bei den drei jungen Leuten umso größer, je länger sie beisammen waren und die gleichen Interessen fanden – und auch die gleiche Sympathie für Paris und die französische Kunst, vor allem Cézanne. August Macke lud Franz Marc herzlich ein, sie in Tegernsee zu besuchen und mich, als seine Freundin, mitzubringen. Der junge Bernhard Koehler hat auch einiges von Franz gekauft und seinem Vater nach Berlin schicken lassen. Es war der Anfang einer wunderbaren Freundschaft zwischen den Mackes und uns und dem Sammler Bernhard Koehler und seinem Sohn.

Nachdem ich aus Berlin nach München zurückgekehrt war, meldeten wir unseren Besuch an. August und Helmuth Macke hatten Franz gesagt, dass er bei ihnen schlafen könnte. Wir dachten nun, dass die beiden so eine Art »Bude« hätten und ich dann in irgendeiner Pension oder im Hotel wohnen könnte. Wir fuhren an einem schönen Wintertag hinaus nach Tegernsee, das in meterhohem Schnee dalag. Franz war auf der Fahrt froh und ausgelassen. Wir erwarteten schon allerhand Gutes und Erfreuliches und waren gespannt auf eine kleine Maillol-Plastik und auf eine Lithographie von Cézanne. Aber was wir erlebten, hat unsere Erwartungen weit, weit übertroffen. August und Helmuth erwarteten uns an der Bahn. Nicht allein die menschliche Begegnung war so überraschend – August Macke war, wie wir auf dem Weg von der Station erfuhren, trotz seiner Jugend schon verheiratet. Unser Erstaunen nahm noch zu, als uns bei der Ankunft im Hause auf dem oberen Treppenabsatz plötzlich eine aparte, sehr reizende, bildhübsche junge Frau, Elisabeth Macke, gegenüberstand, die uns herzlich begrüßte und liebevoll aufnahm. Auf eine so reizende Erscheinung waren wir nicht vorbereitet. Statt einer Bude empfing uns die Wärme eines [für einige Monate gemieteten] behaglichen Heims.

Ganz beglückend für Franz war dann vor allem das Künstlerische, das er dort spürte und sah. Ein Zimmer mit guten alten Biedermeier-Möbeln, die wir so liebten, und noch allerhand hübschen Dingen, dazu an den Wänden diese schönen außergewöhnlich begabten und eigenartigen frühen Bilder von August, die selbständig, ohne übliche Richtung und Manier, eine eigene und reine Empfindung verrieten. Was für ein Erlebnis!! Endlich trafen wir Menschen, die verstanden, was Franz wollte, die dieselbe Sprache sprachen und sich wirklich begeistern konnten.

Der Abend wurde sehr lebhaft, die Unterhaltung brach nicht ab. Es wurde überhaupt in den Tagen in Tegernsee geredet, geredet, geredet, man kam vom 100sten ins 1000ste – über Paris, über Pariser Maler, ein nicht enden wollender Gesprächsstoff. Sie konnten sich gut verständigen und überboten sich an Begeisterung und Vitalität. An den Bildern der beiden Mackes (August und der noch jüngere Helmuth) hatte Franz die größte Freude. Das war das Schönste. Endlich mal keine übliche Münchner Malerei. Helmuths Arbeiten, die wir anderntags in seinem Malraum ansahen, haben uns sehr imponiert, vor allem zwei Stillleben – er erschien uns wie ein Wunderkind. Es sind wirklich beglückende Tage gewesen. Mackes erzählten auch von Elisabeths Onkel Bernhard Koehler, dem Berliner Sammler, mit dem sie einmal zusammen eine Reise nach Paris gemacht hatten und wo dieser eine große Anzahl der besten französischen Impressionisten erworben hatte. So ergab sich eine vielfältig erscheinende Aussicht, die sogar viel mehr gehalten hat, als sie damals versprach. Wir blieben mehrere Tage in Tegernsee. Leider endeten sie nur zu schnell. Wir schieden mit den herzlichsten Wünschen für ein baldiges Wiedersehen und kamen bereichert und glücklich über diese neuen Freunde nach München zurück. Immerhin bedeutete allein die Bestätigung, die er empfing, sehr viel für Franz.

Für den Februar 1910 hatte er eine Ausstellung bei Brakl vereinbart. Wie schon gesagt, war die Präsentation nur durch Fritz

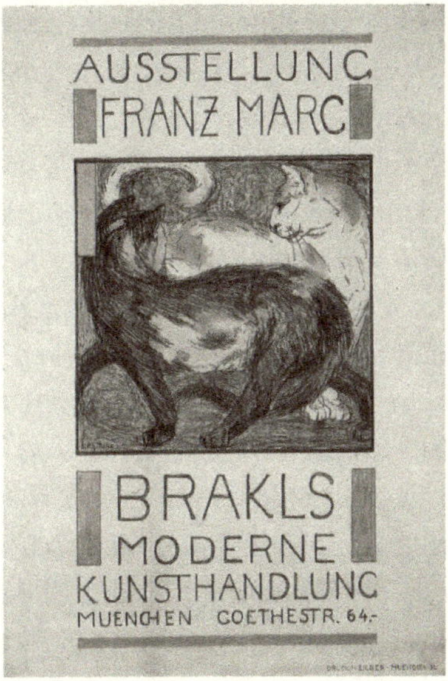


Osswalds Vermittlung zustande gekommen. Brakl gab Franz sogar den Auftrag, ein Plakat zu entwerfen, was dann auch ganz schön gelungen war – zwei lebensgroße Katzen. Die Plakate an den Anschlagsäulen zu sehen, machte uns sehr aufgeregt. Ich kann mich erinnern, dass wir etwas Lampenfieber hatten vor der Ausstellung. Es war in dieser Zeit sehr viel auf einmal über uns gekommen, die Ereignisse folgten schnell und unerwartet aufeinander.

Als ich Franz eines Tages – zusammen mit Marguerite Legros, der Freundin von Jean Bloé Niestlé – zum Mittagessen abholte, trafen wir zu unserer freudigen Überraschung den August Macke an. Und wie wir uns gerade zum Ausgehen fertig machen wollten, wurde an die Eingangstür geklopft. Franz ging hinunter zum Öffnen, und wir hörten eine männliche Stimme, die August Macke als die Stimme vom Berliner Onkel Bernhard Koehler erkannte, den wir noch nicht kennengelernt hatten. Er hatte sich entschlossen, nach München zu fahren, weil sein Interesse durch die Erzählungen seines Sohnes über das Zusammentreffen mit Franz Marc erwacht war, er den Maler und seine Bilder gern kennenlernen wollte, und um bei der Gelegenheit auch seine Verwandten, mit denen ihn so viel verband, in Tegernsee zu besuchen. Bernhard

Koehler liebte es sehr, mit jüngeren Menschen zusammen zu sein. Es ergab sich, als er in Franz' Atelier kam, eine lebhafte Begrüßung, die dann in einer Verabredung für den Abend endete. Wieder kam es mir wie eine Schicksalsfügung vor, dass er gerade jetzt nach München gekommen war. Anderntags wurde die Ausstellung bei Brakl im Beisein von Koehler gehängt, der begeistert mitgetan hat, um sie zu einer schönen Schau zusammenzustellen. Da hat der Brakl andere Saiten aufgezogen, weil der bekannte Sammler aus Berlin half und sehr begeistert und interessiert war. Das war für den Kunsthändler natürlich imponierend, dass der unbekannte, etwas absonderliche Maler Marc nun so jemanden zur Seite hatte.

Der eine, mäßig große Raum, hatte ganz schwarze Wände, auf denen die Wirkung der eigenartig farbigen Bilder sehr gesteigert wurde. Franz hatte, trotz aller ablenkenden Erlebnisse, sehr intensiv an ihnen gearbeitet. In meiner Erinnerung erscheint mir die Ausstellung noch heute sehr besonders. Von den Lenggrieser Bildern wurden »Rehe in der Dämmerung«, »Liegender Hund auf gestreiftem Teppich«, »Lärchenbäumchen« und »Grüne Studie« gezeigt, von den Bildern aus Sindelsdorf »Kalkofen«, »Große und kleine Steinstudie« sowie verschiedene Katzenbilder, darunter die »Katzen auf rotem Tuch« – Darstellungen, die heute noch überall bestehen können. Trotz ihrer natürlichen Farben waren sie ohne irgendwelche Lichteffekte. Die Farben gehorchten einer inneren Notwendigkeit. Die Landschaften boten ein helles sonniges Bild ohne »Sonnenbeleuchtung«. Die Tiere hatten nichts mit Tiermalerei zu tun, sie wurden mit der Zeit immer mehr zu Trägern eines seelischen Zustands.

Die Ausstellung trug Franz sogar eine gute Besprechung eines Kritikers ein, der recht verständnisvoll auf seine Persönlichkeit hinwies. Und ein Buchbinder, bei dem vor allem Paul Marc Kunde war und bei dem auch Franz mitunter etwas hatte arbeiten lassen, schickte ein schönes Buch im Ledereinband mit sehr schönem Papier zum Einkleben von Kritiken. Franz jedoch sagte sofort, dass es viel mehr ein Skizzenbuch sei. Und das wurde es auch. Die Ausstellung hatte auch noch anderen Erfolg. Vater Koehler lud uns erstmal ins Theater ein – zur Feier des Erfolgs. Er überreichte mir ein Paketchen gutes Konfekt und sagte zu mir: »So billig wie heute hab ich noch niemals Bilder erworben, ich hab 3-Marc-Bilder gekauft.« Dies nette Wortspiel war eine Freude auch für mich und Franz. Die Tage mit Koehler wurden sehr festlich und fröhlich und ungewohnt schlemmerhaft für uns. Er lud uns täglich ein zum Mittagessen. Er liebte es, mit uns in schönen Restaurants gut zu essen und zu trinken. Franz liebte das auch sehr, und es machte ihm viel Spaß. Wir haben im Laufe des Jahres viele so schöne Abende mit Koehler verlebt, der viel Verständnis für die Bilder von Franz besaß.

Für Franz bedeutete der menschliche Kontakt, den er fühlte, genauso viel, wie ihm die Anerkennung seiner Bilder wertvoll war. Diese Tage waren der Anfang von seinem Aufstieg. Im Laufe der Zeit entwickelte sich ein sehr schönes Verhältnis zwischen Koehler und uns.

Die Freundschaft mit Macke hat Franz bald viel gegeben. Der heitere, junge, lebenssprühende August mit seiner außergewöhnlichen instinktiven Begabung und Intelligenz wurde eine große Wohltat und mehrfache Erfrischung für den schwerblütigen Franz, der allzu ernst veranlagt und innerlich viel weniger leicht beweglich war und oftmals zu Melancholie neigte. Die Jahre seiner Jugend, die ihn vor so viele Probleme gestellt hatten, waren nicht spurlos an ihm vorübergegangen. Sie hatten ihm in eigenen Erfahrungen gezeigt, dass das Leben ein sehr kompliziertes Spiel ist und plötzlich Aufgaben stellt, die nicht einfach verstandesmäßig zu lösen sind, sondern eine innere Wandlung verlangen, sowohl künstlerisch wie menschlich. Und indem er sich nach und nach der Gewalt einer in ihm erwachenden schöpferischen Kraft bewusst wurde, spürte Franz auch bis ins Letzte die daraus erwachsende große Verantwortung.

Es begann für ihn die Zeit seines persönlichsten Schaffens. Er sehnte sich, wie jedes Frühjahr, bald fort von München aufs Land zu kommen. So sind wir wieder nach Sindelsdorf gegangen.

Mackes besuchten uns auch dort, und das Interesse an der beiderseitigen Arbeit wuchs mit unserer Freundschaft.

Franz war immer beglückter von der Gegend, die mit der Stadt gar keine Beziehungen hatte. Kaum waren wir draußen, beschloss er, die Wohnung bei dem Schreiner Niggl ganzjährig zu mieten und seine ganzen Sachen zu holen, was im Laufe des Sommers auch geschah. Das Atelier in München gab er endgültig auf. Unsere Wohnung in Sindelsdorf bekam ein ganz anderes Gesicht mit den schönen Möbeln sowie der ganzen Kücheneinrichtung aus seinem Pasinger Elternhaus. Wir mieteten die Küche in unserem Stockwerk dazu, sodass wir einen regelrechten Haushalt begründeten.

Es tauchte der Wunsch nach einer Heirat auf – nun auch bei Franz –, den wir leider noch immer nicht verwirklichen konnten. Der Antrag auf Dispens wurde abgewiesen. Wir mussten uns mit der verfahrenen Situation abfinden und später ein neues Gesuch einreichen. Trotzdem wurde der zweite Sindelsdorfer Sommer wunderbar für uns, reich an Beschäftigung und harmonischem Zusammenleben. Franz bereitete gleich eine ganze Anzahl von Rahmen mit grundierter Leinwand vor, um umgehend mit der Arbeit zu beginnen. Was für Bilder sollten darauf entstehen?!

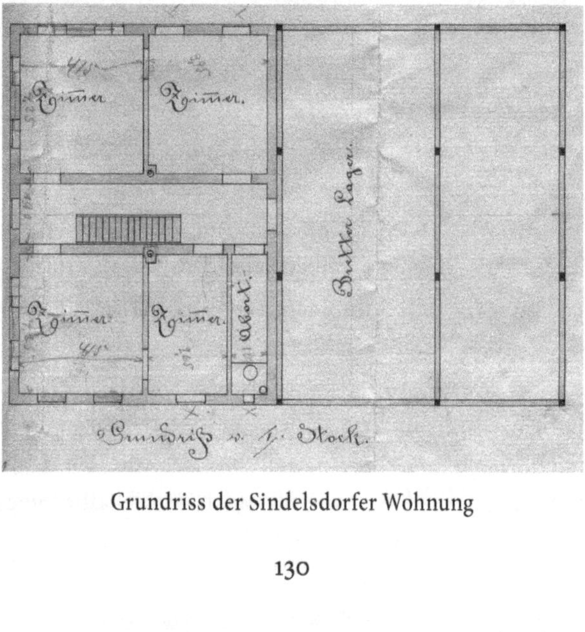


Grundriss der Sindelsdorfer Wohnung

Langsam gestaltete er sie noch farbiger. Es waren Pferdebilder vor allem, aber auch ein Aktbild auf zinnoberrotem Grund, ein sitzender Akt mit einem Kätzchen, der dicke rote und grüne Konturen bekam, zwei pointillistische Bilder: ein starkfarbiger Busch, der brennende Busch [*Flammender Busch*] genannt, und ein lebhaft bewegtes Bild mit springenden Pferden.

Im Spätsommer [vom 1. bis zum 14. September 1910] gab es erneut eine Ausstellung der Neuen Künstler-Vereinigung München, welche Franz ebenso auf das Höchste erfreute wie die erste. Erneut fand er alle seine guten Ahnungen bestätigt in Bezug auf die Wichtigkeit des Weges, den diese Maler eingeschlagen hatten und ihren positiven Einfluss auf die Malerei. Da er den Bildern – ihrem Für und Wider – vollkommen offen und ohne Voreingenommenheit entgegentrat, konnte er sich ihrer Wirkung ganz hingeben, obwohl auch für ihn anfangs manches fremdartig blieb. Es war ja auch alles so neu. Aber die starken Ausstrahlungen der Werke empfand er. Es gab für ihn im Grunde nichts zu deuteln – er stand den Bildern hellwach gegenüber, und sein guter, reiner Instinkt leitete ihn auf den rechten Weg.

Die Kritiken der Münchner Zeitungen aber schimpften in der unerhörtesten Weise auf die Bilder und ihre Maler. Franz wurde ganz aufgeregt, und er sagte schließlich: »Wiederum bin ich begeistert von dieser Malerei und halte meinen Mund zu dieser wüsten Schimpferei – das geht nicht an. Ich werde etwas gegen diese Kritiken und für die Bilder schreiben.« Er schrieb einen ganz begeisterten Artikel und wollte ihn veröffentlichen; aber keine Zeitung, keine Zeitschrift, niemand wollte ihn drucken, niemand wagte es, ihn zu veröffentlichen. Keiner hatte Vertrauen zu der Sache – außer dem Geheimrat Hugo von Tschudi, dem damaligen Direktor der Pinakothek [Staatlichen Galerien in München]. Seinem Einfluss waren die Ausstellungen der Neuen Künstler-Vereinigung zu verdanken. Franz holte sich Rat bei Heinrich Thannhauser, der auch diesmal die Ausstellung veranstaltet hatte, indem er ihm seine Entgegnung zeigte, und Thannhauser versprach ihm, sie dem derzeitigen Vorsitzenden der Vereinigung zu geben. In Wassily Kandinskys Abwesenheit, der in Russland weilte, war Adolf Erbslöh der erste Vorsitzende, der dann sehr zufrieden und liebenswürdig schrieb, Franz möge ihn besuchen. Nun war die Verbindung unvermeidlich geworden – und nur zum Besten von Franz.

Er fuhr also eines Tages aus Sindelsdorf nach München zu Erbslöh. Ich blieb daheim und erwartete ihn in allerhöchster Spannung! Das Wiederkommen und Erzählen werde ich nie vergessen. Franz war begeistert. Er kam ganz erfüllt von allen Erlebnissen zu mir zurück. Er hatte von allen und allem den denkbar besten Eindruck gewonnen und erzählte, dass die Befürchtungen, es wäre womöglich eine Vereinigung von Bohemiens, gänzlich fehlgegangen wären – dass sogar, im Gegenteil, Erbslöh aus sehr begüterter Familie stamme, eine elegante Wohnung und ein schönes Atelier in der Ohmstraße in Schwabing habe, in der Franz noch mehr Bilder der Neuen Künstler-Vereinigung zu sehen bekam. Erbslöh hatte eine ganze Anzahl von Bildern seiner Kollegen im Atelier stehen – vor allem von Alexander Jawlensky, Marianne von Werefkin, Wladimir von Bechtejeff, Alexander Kanoldt. Auch von diesen Bildern bekam Franz einen sehr guten Eindruck.

Erbslöh redet ihm zu, Jawlensky zu besuchen. Franz zögerte etwas, aber Erbslöh zerstreute alle Bedenken. Franz stieg in das 3. Stockwerk eines Hauses, ebenfalls in Schwabing, in der Giselastraße. Jawlensky lebte in einer großen Atelierwohnung mit zwei Eingangstüren – auf der einen stand sein Name, auf der anderen der von Werefkin. Aha, dachte Franz, die beiden gehören zusammen, und er stellte sich gleich eine schöne, junge, rassige Russin vor, die diese eigenartigen Bilder, die er nun schon kannte, gemalt hatte. Sie selbst lernte er an diesem Tage nicht kennen. Jawlensky, mit seinem liebenswürdigen, bestrickenden Wesen, gepflegt und seltsam in schwarze Kniehosen gekleidet, begrüßte ihn auf das Herzlichste und führte ihn herein. Franz wusste nicht, wohin er zuerst schauen sollte. Der Eindruck, als er die Wohnung betrat, war überwältigend. Er kam in einen ganz langen Korridor, dessen Wände von unten bis oben dicht mit diesen starkfarbigen Bildern von Jawlensky und Werefkin behängt waren. Eine erstaunliche Fülle. Stillleben, Porträts, Figurenbilder, Landschaften, eins interessanter als das andere. Franz hat nur so gestaunt und gestaunt. Während seiner Schilderung sagte er zu mir: »Da kannst du sehen, was es heißt ›Stillleben‹ zu malen – da kannst du etwas lernen!« Er war hellauf begeistert von allem und außer sich vor Freude über diese neuen Kollegen. Er fühlte, dass nun die Einsamkeit vollkommen vorbei sein würde und dass der Kreis von gebildeten Menschen und interessanten Malern gefunden war, auf den er so viele Jahre gewartet hatte – sowohl in den beiden Mackes wie auch der Neuen Künstler-Vereinigung. Jawlensky lud ihn herzlich ein, wiederzukommen, was Franz natürlich zusagte. Er kehrte sehr erfüllt und belebt nach dem stillen, einsamen Sindelsdorf zurück.

Das, was er über die [bei Thannhauser ausgestellten] Bilder der Neuen Künstler-Vereinigung geschrieben hatte, wurde gedruckt, und gemeinsam mit dem, was ein Münchner Kritiker Wüstes geschrieben hatte, als Gegenkritik dem Katalog beigelegt. Wenn auch sein damaliges erstes Urteil im Einzelnen nicht ganz standgehalten hat, so hatte er doch sofort erfasst, dass da etwas vor sich ging, das aus ernsten und wichtigen Ursachen heraus geschah, und dass diesen Bildern viel mehr als nur eine neue Mode oder Manier zugrunde lag. Der Einfluss und die Folgen waren unübersehbar. Hermann Bahr hat in seinem Buch über den Expressionismus geschrieben:

> Zeichen des Unbekannten in uns, dem wir zutrauen, dass es uns retten soll, Zeichen des gefangenen Geistes, der aus dem Kerker brechen will, Zeichen des Alarms aller bangen Seelen gibt der Expressionismus.*

Der Spätherbst 1910 brachte für August Macke und seine Familie – er hatte inzwischen einen kleinen Sohn bekommen – die Rückkehr in ihre rheinische Heimat. Und ich wurde zum Weih-

* Delphin-Verlag München 1916

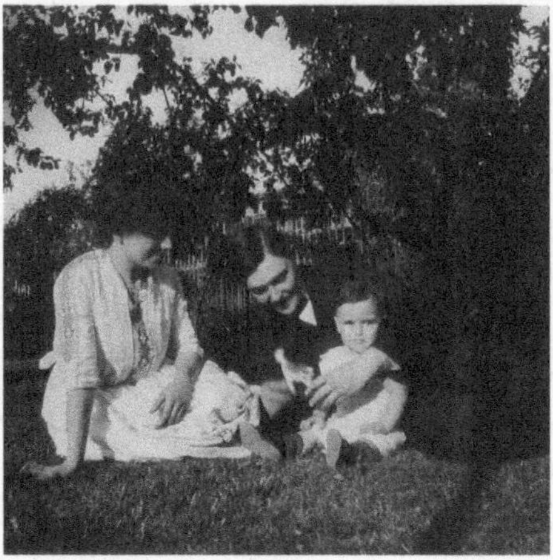

August und Elisabeth Macke mit Sohn Walter, 1910

nachtsfest wieder nach Berlin zu meinen Eltern gerufen. Das Ehepaar Macke und wir vereinbarten, als Abschluss für diese erste Zeit unserer Freundschaft einen gemeinsamen Besuch bei Jawlensky zu machen, und wir meldeten uns bei ihm an. An einem Sonntagnachmittag zur Teestunde war diese Visite geplant. Sie wurde zu einem denkwürdigen Ereignis. Auf unser Läuten öffnete Jawlensky die Türe, begrüßte uns herzlich und schaute voller Überraschung auf Lisbeth Macke mit ihrem auffallend hübschen Gesicht und den schönen großen Augen und dem ganzen jugendlichen Liebreiz. Und wir waren gespannt auf die Begegnung mit der Baronin Werefkin. Wir hatten schon auf diesen Augenblick gewartet und kamen in der angeregtesten Verfassung. Franz und August spukte noch immer die junge, schöne Russin im Kopf herum. Es teilte sich der Vorhang einer Türe, und herein trat eine Persönlichkeit, wie sie keiner von uns erwartet hatte. Statt einer schönen jungen Russin stand eine nicht mehr junge Erscheinung vor uns, sehr verschieden von dem, was wir uns vorgestellt hatten, mit einem ungeheuer charaktervollen Kopf und eigenartiger Kleidung (sie trug einen dunklen, grün schottisch karierten Rock, eine hochrote Bluse und im Haar eine schwarze Taftschleife, die hinten am Kopf quer abstand), sprühend von Geist und Leben. Das fast grotesk Anmutende an Werefkins Erscheinung wurde noch unterstrichen durch eine [infolge eines Jagdunfalls] zerschossene Hand, die wir bemerkten und die Franz sofort zu allen möglichen romanhaften Vermutungen anregte. Ihre Begrüßung war ebenfalls temperamentvoll, warm und herzlich. Händeschüttelnd gab sie ihrer Freude Ausdruck, die jungen Freunde kennenzulernen, die so mutig für die Kunst eingetreten seien. Wir wussten alle vier nicht, was wir sagen sollten. Daneben schauten wir natürlich mit regstem Interesse die lange Wand mit den unzähligen aufregenden Bildern im Korridor an – es war fast zu viel auf einmal. Der Eindruck des Außergewöhnlichen steigerte sich noch im Atelier von Jawlensky, das ebenfalls voller Bilder hing. Auch ein van Gogh war zu sehen. Was das alles für uns bedeutete, kann ich gar nicht schildern, man muss bedenken, wie einsam und fern von jeder Anregung wir gelebt hatten. Und nun plötzlich diese Fülle von interessanten Bildern und neuen Ideen. Es begann eine sehr lebhafte Unterhaltung. Ich selbst war so völlig benommen, dass ich kein Wort herausbrachte und nicht wusste, wohin ich schauen sollte – ob zu den merkwürdigen Bildern an der Wand oder auf die sehr gebildeten und kultivierten Menschen am Teetisch. So stark die Erinnerung an diesen ersten Besuch bei Jawlensky und Werefkin geblieben ist, so wenig bin ich in der Lage, den gesteigerten Zustand zu beschreiben, in den er uns versetzte. Wenn ich mir aber vergegenwärtige, wie anders diese Künstler waren, die wir nun kennengelernt hatten, als alle, die uns bisher begegnet waren, wenn ich an den Eindruck dieser eigentümlich starkfarbigen Bilder denke, die uns fast überwältigten – und wenn ich mir jetzt am Ende meines Lebens den Gegensatz zu unserem vorherigen Leben damals vorstelle, so kommt etwas von der ganzen Größe und Stärke dieses Erlebnisses über mich, und ich kann nicht anders, als einen sinnenfrohen Frühling darin zu erkennen. Es war ja auch – für uns auf alle Fälle – ein Auftakt und Anfang. Es kam noch mehr Besuch an diesem Nachmittag. Der mit Jawlensky und Werefkin befreundete Tänzer Alexander Sacharoff erschien, und es waren unbeschreiblich schöne, anregende und vielversprechende Stunden.

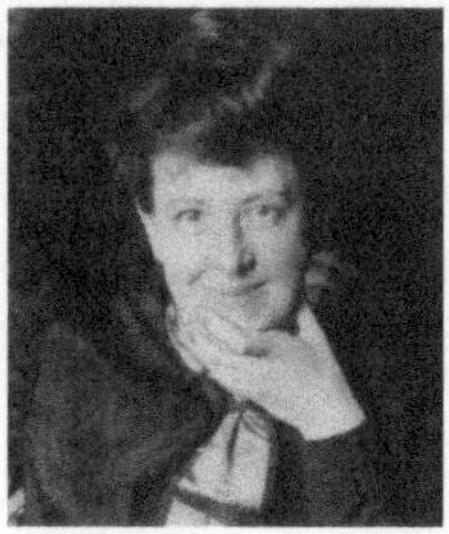 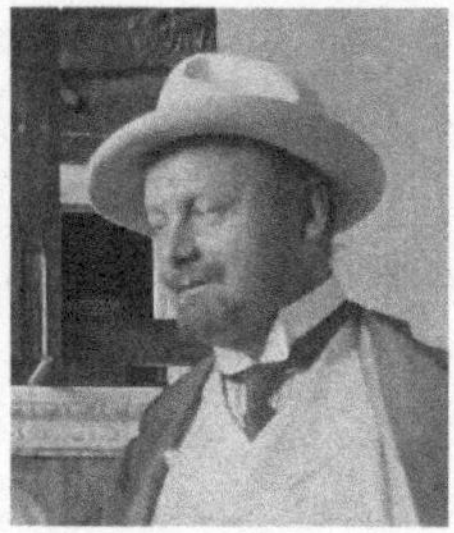

Marianne von Werefkin und Alexej Jawlensky

Als wir Abschied genommen hatten und wieder auf der Straße standen, waren wir wie betrunken und konnten uns gar nicht fassen. Die beiden Männer verlangten energisch nach einem guten Essen und Rotwein. So warfen wir uns in eine Droschke und fuhren in die Törggelen-Stube – ein gutes Tiroler Weinlokal –, um wieder normal zu werden. Ich sehe noch vor mir, wie erschöpft wir uns da niederließen. Nach der leiblichen Stärkung kamen wir wieder in eine erregte Unterhaltung hinein, bis wir todmüde den Abend beschließen konnten. Es war ja doch ein unerhörtes Geschehen für uns, das nicht nur viel, sondern alles ansprach, was wir uns an Anregung und Ansporn für die folgenden Jahre nur ausdenken konnten. Die Familie Macke kehrte am nächsten Tag zurück nach Bonn, wo sie eine eigene Wohnung mit Atelier bezog. Ich fuhr nach Berlin. Franz blieb in Sindelsdorf, und Augusts Vetter Helmuth gesellte sich zu ihm.

Wenn ich an den Franz Marc unserer ersten Zeit der Freundschaft denke, der melancholisch und untröstlich seiner ersten leidenschaftlichen Jugendliebe Annette Simon nachtrauerte, nicht wissend, was er beginnen sollte, um sich aus den Konflikten zu lösen, der glaubte, »durch eine gute Tat«, wofür er diese Heirat mit Marie Schnür hielt, einen neuen Abschnitt seines Lebens beginnen zu können, nicht erkennend, dass dieser Schritt nichts anderes war, als ein Hängenbleiben an dem, was vergangen sein musste, und wenn ich ihn mir vorstelle, wie er damals gewesen ist, und dann den Weg betrachte, den er gegangen war bis zu dem Punkt, als wir auf die Neue Künstler-Vereinigung trafen, und wie er erst langsam, dann immer gefestigter seine Malerei in die Hand nahm, sich aber doch alles ohne besondere Sensation in mehr oder weniger geordneten Bahnen vollzog, dann kann ich ermessen, *was* für ein überwältigendes Erlebnis diese Begegnung gewesen ist, welch ein entscheidender Wendepunkt in seinem Leben. Diese Erfahrung in dem damals so reaktionären München erschien uns wie ein Wunder nach jener Zeit völliger Isoliertheit, unter der Franz sehr gelitten hatte. Bisher nur umgeben von Kopfschüttlern, die seine eigenwilligen Versuche und Bemühungen um eine eigene künstlerische Sprache ablehnten, die gar keine geistigen Interessen und geistigen Bedürfnisse hatten, keinen geistigen Hunger nach Erfahrungen, die Nahrung werden konnten für die menschliche innere Entwicklung und die Entfaltung der künstlerischen Fähigkeiten.

Aber die entscheidende Begegnung stand Franz noch bevor: Wassily Kandinsky – nicht nur mit seinen Bildern, sondern als Persönlichkeit. Er war damals noch verreist, und sie begegneten sich erst später. Leider habe ich das erste Zusammentreffen der beiden am letzten Tag des Jahres 1910 nicht miterlebt, weil ich in Berlin war und dort sehr krank darniederlag.

Für Franz und mich war diese Zeit in Bezug auf unser persönliches Leben nicht ganz einfach. Wir hatten uns ganz aneinander angeschlossen, lebten glücklich in voller Vertrautheit miteinander. Auch Franz wünschte ja nun, unseren Lebensbund nach außen zu festigen und sich mit mir zu verheiraten. Aber leider gab es die bekannten Schwierigkeiten, die überhaupt nicht leicht zu überwinden waren. Franz hatte verschiedene Versuche unternommen, den Dispens zu erlangen. Zunächst war er gar nicht erst beantragt worden, weil der Rechtsanwalt bei seinen Angaben Fehler gemacht hatte – aus Unerfahrenheit. Wir waren falsch beraten worden und in arge Schwierigkeiten geraten. Und gerade jetzt erlebten wir wieder die traurige Enttäuschung einer behördlichen Absage der Bewilligung der Befreiung vom Eheverbot. Für mich waren alle damit zusammenhängenden Begebenheiten so aufreibend gewesen, dass sich mein Nervenzustand natürlich verschlimmerte. Ich klappte völlig zusammen aus Angst und Sorge um die Erfüllung aller Wünsche und Pläne. So saß ich also fest in Berlin und konnte an keine Rückkehr nach München denken. Franz schrieb so interessant über seine Malerei, die sich zu wenden begann, schrieb von dem Bild, das später als »Die roten Pferde« im Folkwang-Museum hing, schilderte die Farben und erzählte vom kobaltblauen Busch, vom cadmiumfarbenen Terrain usw., und ich kam in eine fieberhafte Spannung und Sehnsucht.

Meine Eltern wussten sich keinen Rat. Sie merkten allmählich, dass Dinge dahintersteckten, die man ihnen verheimlichte, und das erschwerte sowohl das Zusammenleben als auch meine Gesundung. Diese Erkrankung hatte wohl einen Teil physische Disposition. Aber dass ich so schlimm erkrankte, hatte doch erneut seinen Grund in psychischen Ursachen. Da war jedoch schwer abzuhelfen. Die ganze Situation schien mir zum Verzweifeln schwierig. Ich sah voraus, dass ich vorerst nicht würde zu Franz zurückkehren dürfen. So wurde ich immer kränker. Da haben meine Eltern sich entschlossen, den Franz einzuladen, in der berechtigten Hoffnung, mir dadurch helfen zu können, gesund zu werden. Das hat mich sehr gerührt, und ich redete ihm zu, die Einladung anzunehmen, wenn ich auch wusste, dass es für Franz nicht ganz leicht sein würde. Er konnte sich nur schwer zu dieser Reise entschließen, kam aber doch nach Berlin, seine Malerei unterbrechend und außerdem auch befangen und ratlos, wie er meinen Eltern begegnen sollte, die von unserem eigentlichen Verhältnis nichts wussten. Was sollte er antworten, wenn er gefragt wurde? Den wirklichen Sachverhalt, die Ehe mit Schnür und die Scheidung mit ihren schlimmen Folgen, konnte er ihnen ja nicht eingestehen. Für Franz war es, abgesehen von unserem Wiedersehen, auch verlockend, die Sammlung Koehler kennenzulernen, von der so viel durch die Mackes die Rede gewesen war. Ich war begreiflicherweise sehr sehnsüchtig nach ihm und auch begierig, von seinen Arbeitsplänen zu hören. Auch konnte Franz von seinem Zusammentreffen mit Kandinsky erzählen, für den er sofort eine ganz persönliche Zuneigung empfunden hatte. Er erkannte die überragende Bedeutung Kandinskys und dass dieser die treibende Kraft in der Neuen Künstler-Vereinigung war. Von ihm ging der Impuls aus. Er war der Weitblickendste. Franz hat dies alles sehr schnell begriffen. Die Anregung, die von Kandinsky ausging, war stark und gewaltig und schaffte in ihm Hemmungen fort, sich von dem Althergebrachten ganz zu befreien. Franz war in einer Art Unentschlossenheit stecken geblieben, die ihn hinderte, sich von den festgefahrenen Begriffen ganz zu lösen. Seine Bilder waren weder naturalistisch noch impressionistisch. Er war sich schon klar darüber geworden, dass ein Bild einen Organismus für sich darstellt und dass die Aufteilung der Bildfläche bestimmten Gesetzen unterliegen müsste. Doch im Banne dieser Erkenntnis wurde ihm nicht bewusst, dass es nicht genügte, sich dem gesetzmäßigen Aufbau und dem Rhythmus der Linien und Formen hinzugeben, wenn die Farbe unberücksichtigt blieb und noch auf den Farben der Natur basierte. Auf diese Weise konnte das Bild nie ein organisches Ganzes werden. Nun wusste er auch, warum er mit dem großen Lenggrieser Pferdebild zu keinem befriedigenden Resultat kommen konnte. Die Bilder der Neuen Künstler-Vereinigung zeigten ihm, was alles mit der Farbe möglich war. Durch Kandinsky wurde Franz, wie gesagt, die geistige Folgerichtigkeit dieser Bewegung erst vollkommen klar, und er fühlte beglückt seine Ahnung bestätigt, dass jenen neuen Formen der Malerei eine logische, zeitbedingte Notwendigkeit zugrunde lag und nicht irgendeine Willkür. Wir erfuhren nämlich, dass in allen Ländern die gleichen Bestrebungen, den Naturalismus zu überwinden, eingesetzt hatten. In Russland, in Frankreich, England, Böhmen, Italien, Amerika – überall tauchten in diesen Jahren Bilder auf, die eine völlig neue künstlerische Sprache sprachen. Kandinsky konnte alles sehr einleuchtend begründen, und was er sagte, löste nicht nur Verständnis aus bei Marc, sondern viel mehr noch! Auch ein Satz, den die Werefkin einmal gegenüber Helmuth Macke aussprach, ließ ihn aufhorchen, nämlich dass die Deutschen fast alle den Fehler machten, das Licht für Farbe zu nehmen, wobei Farbe etwas ganz anderes sei und mit Licht nichts zu tun hätte.

Jene Jahre, die nun folgten, wurden sehr bewegt. Franz Marc schloss sich ganz an Wassily Kandinsky an, der nun auch sehr bald erkannte, was für einen besonderen Mann er in ihm kennengelernt hatte. Kandinsky hoffte, Marc als seinen Mitarbeiter gewinnen zu können für die Verwirklichung der Pläne, die ihn schon lange beschäftigten. Es ergaben sich im Zusammenhang mit Kandinsky wunderbare lange Gespräche, und er ließ Franz bald an seinen Ideen und Plänen teilhaben. Schon lange hatte er den Wunsch, eine Art Almanach herauszugeben, um darin die künstlerischen Ausdrucksformen aller Zeiten zu zeigen, ihre Beziehungen untereinander darzulegen und die aller Kunst gemeinsame Wurzel aufzudecken. Auf dieses, allen gemeinsame Künstlerische, das stets das Gleiche war, wollte er wieder hinweisen und den Menschen bewusst machen, dass allein die Formen einer Veränderung unterliegen. Er fragte Franz, ob er ihm helfen wolle, ein solches Buch herauszugeben. Franz willigte freudig ein. Es sollte den Namen »Der blaue Reiter« haben, und dem ersten sollten – in zwangloser Folge – andere angeschlossen werden. Es begann nun eine Phase interessanter und intensiver Arbeit, zu der Kandinsky Maler, Schriftsteller, Musiker aus allen Ländern heranzog und um Beiträge bat. Auch August Macke wurde aus Bonn nach Sindelsdorf und Murnau eingeladen. Er war teils begeistert, teils ging er nicht so restlos mit Kandinsky mit, wie Franz es tat. Oft stand Meinung gegen Meinung. Es gab anregende Gespräche, die mitunter zu heftigen Debatten wurden. Das aber war auch gerade schön und lebendig. Es kam so viel Neues auf uns zu, dass wir gar nicht alles gleich verdauen konnten. Unsere Zeit war voll bis zum Bersten, und die Spannung, in der wir lebten, wuchs ins Unermessliche. Welch eine wundervolle Zeit erlebten wir; es war ein Aufschwung ohnegleichen. Und was für ein Erlebnis wurde es, ahnungsvoll zu begreifen, dass – wie Kandinsky voraussah – sich

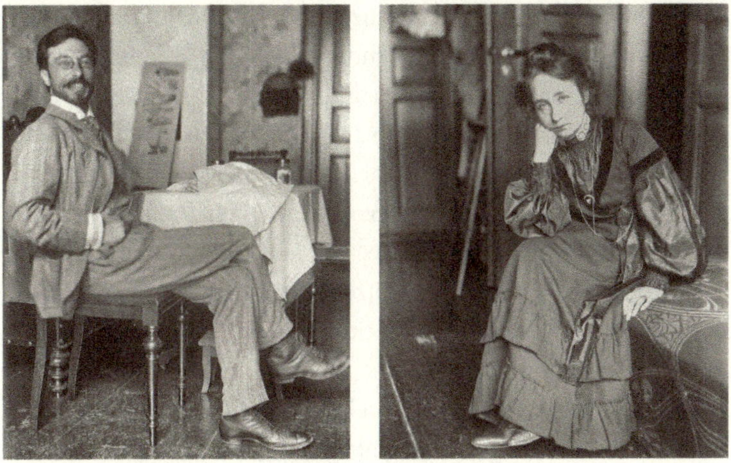

Wassily Kandinsky und Gabriele Münter in Murnau

Zeichen einer großen geistigen Epoche ankündigten. Mit Augen, Ohren und allen Sinnen waren wir bereit, aufzunehmen – zu erkennen – zu erfahren. Die intensive lebendige Zusammenarbeit von Kandinsky und Marc wurde für diesen zu einer unerschöpflichen Quelle.

Zwischen Sindelsdorf und Murnau, wo Kandinsky und Münter lebten, ergab sich ein reger Verkehr. Oftmals sind Franz und ich mit unserem großen Hund den Weg von vier Stunden über die Vorberge hinübergelaufen, voller freudiger Erwartung des Zusammenseins. Und Münter und Kandinsky kamen zu uns nach Sindelsdorf gewandert oder geradelt. Auch die Münchner Wohnung von Kandinsky mit den alten russischen Möbeln und allerlei interessantem Hausrat wurde Ort der Treffen. An wie viele wunderbare Abende in Murnau erinnere ich mich, wenn wir beisammen saßen.

Franz wurde es sehr schnell zur unumstößlichen Gewissheit, dass es sich bei den Bildern der Neuen Künstler-Vereinigung und bei den abstrakten Äußerungen von Kandinsky nicht nur um eine neue Kunstform handelte, sondern um eine zwangsläufige Entwicklung, die mit der geistigen Einstellung zur Welt und zum Leben von Menschen und ihrem Lebensgefühl zusammenhing.

Franz blieb jedoch dabei, für sich nichts vorwegzunehmen. Nur wenn er sein ganzes Empfinden einsetzten konnte, würde er in der Lage sein, seine Bilder nach den neuen Erkenntnissen entstehen zu lassen. Dass er selber versuchte, abstrakte Bilder zu malen, kam für ihn zunächst nicht in Frage. So wandelte sich nur nach und nach seine Malerei zu dem, was ihm beschieden war, wozu er ausersehen war. Der Weg war lang und schwer. Es konnte nur die große Wandlung des ganzen Menschen gegangen werden, mit der die künstlerische Entwicklung dann Schritt hielt.

Damals, als Franz mich in Berlin besuchte, am Anfang der neuen Zeit, in die er mit Begeisterung hineinging, schilderte er mir noch ein amüsantes Erlebnis, das ihm den größten Spaß gemacht hatte. Die Maler der Neuen Künstler-Vereinigung hatten ihn persönlich natürlich sehr gern und brannten drauf, etwas von seinen Malereien zu sehen. Sie versprachen öfter, seiner Aufforderung, ihn draußen in Sindelsdorf zu besuchen, zu folgen. Aber es kam keiner von ihnen. Immer gab es Ausreden und Hindernisse, so lange, bis es etwas peinlich wurde. Franz begann zu ahnen, dass der Grund ein ganz bestimmter sein musste. Er erinnerte sich, dass man ihm erzählt hatte, die Neue Künstler-Vereinigung sei schon vorher auf recht begeisterte Maler in München getroffen, die hätten beitreten wollen und die auch gerne aufgenommen worden waren. Aber zu ihrem Entsetzen bekamen die früheren Mitglieder bei ihren ersten Atelierbesuchen, die sie mit den Bildern der Neuzugänge bekannt machen sollten, nichts als ziemlich banale Malereien zu sehen. Es hatte ein großes Missverständnis vorgelegen. Und nun fürchteten sie im Atelier von Marc eine ebensolche Enttäuschung zu erleben. Denn menschlich waren ihnen die beiden anderen Künstler ebenfalls durchaus sympathisch gewesen.

Endlich mussten sie sich dann doch bereit erklären, den Besuch in Sindelsdorf auszuführen. Franz holte Jawlensky, Werefkin und Erbslöh an einem kalten Wintertag in einem Schlitten aus Penzberg ab. Zuerst ging man zum Mittagessen ins Wirtshaus, wo man wohl angeregt sprach, aber doch eine gewisse Befangenheit nicht verbergen konnte. Man zögerte auch den Augenblick des Aufbrechens hinaus, und Franz hatte den größten Spaß daran, dies zu beobachten. Schließlich stand man auf und stapfte durch den tiefen Schnee – Werefkin auf hohen Stöckelschuhen – zu dem Haus, in dem wir wohnten, was ziemlich beschwerlich war. Im 1. Stock des Hauses stand die Tür zum Wohnzimmer einen Spalt offen. Werefkin konnte ihrer Neugierde hineinzuschauen nicht widerstehen. Sie war dann sehr angenehm überrascht. Helmuth Macke hatte meine Hausfrauenstelle vertreten: einen malerischen Kaffeetisch gedeckt – mit einer handgewebten Decke und kobaltblauen Tassen darauf, und er hatte auch daran gedacht, einen Kuchen backen zu lassen. Dieser Kaffeetisch beruhigte die gute Werefkin. Sie malte später ein Bild von ihm mit Franz Marc daran sitzend, das sie ihm zur Erinnerung schenkte.*

Das Ambiente war durchaus nicht konventionell bürgerlich, es verstärkte ihr Vertrauen in die Angelegenheit, und sie folgte den anderen auf den Malspeicher. Franz und Helmuth haben in der Folgezeit oftmals diese freudige Überraschung von Jawlensky, Baronin Werefkin und Erbslöh geschildert – wie sie sich überboten in ihren Ausbrüchen der Freude darüber, in Marc einen der ihren zu finden. Und was bedeutete das für Franz!! Sie haben ihn gleich gebeten, in die Vereinigung einzutreten.

Am 5. Februar 1911 schrieb er mir nach Berlin:

> … heute kam zum Frühstück ein Telegramm der Vereinigung, das mich »einstimmig zum Mitglied und 3. Vorsitzenden« [korrekt: Stellvertretenden Vorsitzenden] wählt! Nun ist's geschehen, und ich freue mich; und ich weiß, Du tust es auch! Es gab keine andere Wahl – die Eigenbrötlerei hab ich satt; nun geht's gemeinsam. Langweilen werden wir uns nicht in den nächsten Jahren, mein Lieb; und was Du Dir gewünscht hast, haben wir nun: einen Kreis von Künstlern und vornehmen Menschen, wie wir ihn uns besser nicht

* Das Bild gilt als verschollen.

wünschen können. Der Besuch war köstlich. … Sie waren einfach weg; Erbslöh tanzte vor Vergnügen, Jawlensky drückte mir in einem fort die Hände u. schnarrte sein sääärrrh gut, Werefkin desgleichen. Sie boten mir sofort die Mitgliedschaft ihrerseits an und waren glücklich, als ich zusagte; aber die Freude und Ehre sei ganz ihrerseits etc.! Nun gefiel ihnen aber auch alles bei mir, der Kaffee, Deine Zigarren! (ich erzählte, dass Du sie extra für sie geschickt), meine Bücher und Sachen. Es war den ganzen Nachmittag höchst animiert und herzlich …

Ja, und nun war es geschehen. Das Einzelgängertum hatte aufgehört, und es ging gemeinsam weiter. Nun war sein sehnsüchtigster Wunsch erfüllt, und unser Leben veränderte sich weiter von Tag zu Tag.

Mit der Neuen Künstler-Vereinigung stimmte es allerdings nicht immer so ganz. Nachdem Franz Mitglied geworden war, begrüßte ihn Alexander Kanoldt als Deutschen, der innerhalb der Vereinigung eine Stärkung gegen das ausländische Übergewicht werden sollte. Das fand Franz erstaunlich und sagte zu mir, dass es doch unmöglich sei, innerhalb einer Vereinigung von »Partei« zu sprechen, und dass sie sich täuschen würden in ihm, denn es stand für ihn von Anfang an fest, dass er zu Kandinsky stehen würde, weil es ihm eben nur um die Sache zu tun war.

Für das Frühjahr war eine große Ausstellung der neuen Bilder von Franz in Heinrich Thannhausers Neuer Galerie angesagt. Er arbeitete mit Hochdruck, er malte und malte und schrieb mir davon. Er und Helmuth Macke verlebten arbeitsame und anregende Winterwochen zusammen in Sindelsdorf, blieben auch in regem Verkehr mit den Freunden der Neuen Künstler-Vereinigung München, was wie schon gesagt namentlich für Franz zu einem außerordentlichen Fortkommen führte. Und ich war so weit fort. Ich lag ja noch immer krank in Berlin, und er verlangte, ich sollte zurückkommen zu ihm nach Sindelsdorf. Das war ganz unmög-

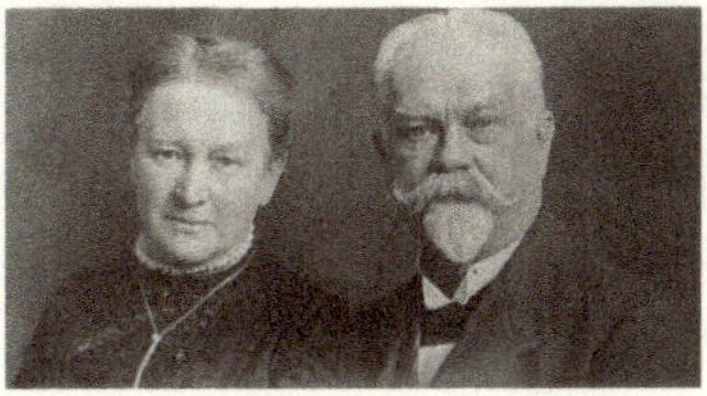

Helene und Philipp Franck

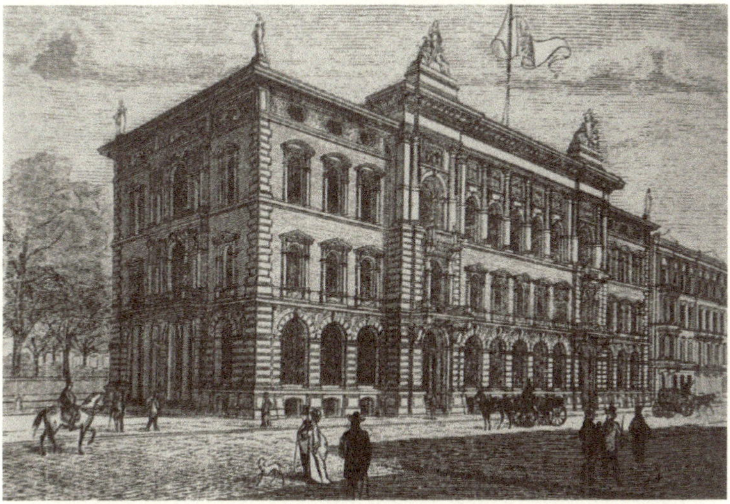

Berliner Hauptsitz der Preußischen Boden-Kredit-Aktienbank – Maria Francks Eltern hatten ihre Wohnung in der zweiten Etage

lich, denn nicht nur mein gesundheitlicher Zustand erlaubte es noch nicht, auch meine Eltern wollten ihre Einwilligung nicht geben, zu ihm zurückzukehren, bis wir verheiratet waren. Zwar wussten sie nun, dass wir diesen Wunsch hatten. Sie ahnten aber doch nichts von den Schwierigkeiten, die dagegen standen. Franz fasste den Entschluss, an meinen Vater zu schreiben und ihn zu bitten, dass ich kommen dürfe, weil er mich für die Vorbereitung der Ausstellung brauche. Er sprach von der Eheschließung zwischen uns, die wir ja selber erhofften, denn es lief wieder einmal ein Gesuch um Dispens, und wir waren überzeugt, ihn diesmal zu erhalten. Meine Aussteuer wurde auch schon besorgt, die schönen alten Möbel aus meinem großelterlichen Hause richtete man her.

Eines Tages war es wirklich so weit, dass man alles verpackte und nach Bayern schickte und mich auch abfahren ließ. Diese Rückkehr im April werde ich nie vergessen. Franz hat mich in München abgeholt. Wir fuhren gegen Abend nach Sindelsdorf, wo ich unser Wohnzimmer, von einer Petroleum-Hängelampe erhellt, betrachtete. Ich kann den Eindruck nicht beschreiben, den das Zimmer auf mich machte, nachdem ich an die hell erleuchteten Räume der Stadtwohnung meiner Eltern gewöhnt war. Ich war so glücklich und schaute alle die hübschen Gegenstände, das schöne Geschirr, alles, was wir so gerne hatten, mit neuer Freude an und konnte es gar nicht fassen, dass ich nun wieder dort war, wo ich hingehörte, dass ich nun würde bleiben dürfen und nicht mehr in die Großstadt Berlin zurückkehren müsste.

Allmählich wanderten meine Augen im ganzen Zimmer umher, und ich bemerkte auch Spuren der langen Junggesellenwirtschaft, die mitunter etwas ungewöhnliche Formen angenommen hatte. Franz erzählte mir dann verschiedene Streiche, die Helmuth Macke sich geleistet hatte – wie er zum Beispiel eines Abends ganz stolz seine rheinischen Reibekuchen gebacken hat. Franz saß unter der Petroleumlampe, mit einer Plastik beschäftigt, und Helmuth kochte. Franz arbeitete ganz versunken, schaute kaum auf, bemerkte aber doch plötzlich einen sonderbaren Qualm im Zimmer, der das Licht bereits verdunkelte. Schließlich fragte er erbost: »Was machst du da eigentlich?« – »Ich backe Reibekuchen«, antwortete Helmuth, blickte aber doch um sich und bemerkte, dass es aus dem Ofenrohr entsetzlich rauchte. Als er nachschaute, entdeckte er seine Reibekuchen, die er zum Warmhalten in das Rohr gestellt hatte, vollkommen verbrannt mit glühenden Rändern. Kein Wunder, dass das ganze Zimmer mit Qualm erfüllt war. Das Rohr war kein solches zum Warmhalten von Speisen, wie die rheinischen Öfen das haben. Daher das Unglück. Solche und ähnliche Sachen waren des Öfteren passiert.

Und dann die Bilder von Franz, die waren für mich die größte Überraschung. Es war eine ganz gewaltige Veränderung vor sich gegangen. Ich habe es gar nicht glauben können, dass er in diesen wenigen Monaten einen solchen Aufschwung hatte nehmen können. Es war, als hätte die schöpferische Kraft in ihm mit ganzer Gewalt einen Damm gebrochen und drückte sich nun in den Bildern aus. Ich konnte nicht genug staunen, über das, was er vollbracht hatte. Denn es waren schöne Bilder wie die blauen Pferde dabei – als Resultat und Lösung des zerstörten Lenggrieser Pferdebildes. Er hätte allein nicht den Mut gehabt. Die Freiheit der anderen hat ihn befreit und ihm den Weg zu sich selbst gewiesen. Was war in dem Jahr seit der Brakl-Ausstellung alles entstanden. Der Hauptinhalt jener Wochen war aber die Ausstellung bei Thannhauser, um die unser ganzes Interesse kreiste.

Nach und nach gingen wir aber auch an die Einrichtung der Wohnung, weil wir ja mit ganzer Bestimmtheit an die Heirat glaubten. Die Möbel aus Berlin waren angekommen, und so entstand dann ein sehr hübsches Zuhause, das wir lieb gewannen und das uns glückliche Zeiten gebracht hat. Franz hatte – nach der Küche – noch ein weiteres Zimmer dazu genommen, als er seine Möbel hatte herauskommen lassen.

Die Ausstellung bei Thannhauser, auf die wir viel Hoffnung gesetzt hatten, sollte uns noch eine Enttäuschung bringen, die, wenn sie nicht so ärgerlich gewesen und uns selbst nichts angegangen wäre, einen Anreiz zur Komik und Groteske und zum Lachen gegeben hätte. Wir fielen bereits um, als wir den großen Ausstellungsraum betraten. An den Wänden hingen die Bilder von Franz Marc – Tierbilder zumeist –, und davor standen lebensgroße Tierplastiken des Bildhauers Hugo Emanuel Becher, dem Thannhauser für die gleiche Zeit eine Ausstellung zugesagt hatte. Es war die reinste Menagerie – grotesk, lächerlich. Man konnte vor Tierplastiken keine Bilder sehen und vor Tierbildern keine Plastiken. Schade, aber es war nichts zu ändern.

Koehler war natürlich zu der Ausstellung gekommen – wir verlebten wieder, wie immer mit ihm, schöne üppige Tage. Franz machte diese Freundschaft viel Freude; Koehler zeigte Verständnis für die neue Malerei, auch für die Bilder der anderen Mitglieder der Neuen Künstler-Vereinigung. Und er kaufte für seine Sammlung.

Franz überlegte bei sich, ob er mit Koehler nicht eine Art Vertrag schließen könnte, der es ihm ermöglichte, eine bestimmte finanzielle Existenzbasis zu erlangen – das wäre für unsere bevorstehende Verheiratung eine große Erleichterung gewesen. Er machte eines Tages brieflich den Vorschlag, und Koehler willigte ein. Man vereinbarte die Zahlung eines monatlichen Fixums. Dafür bekam Koehler eine bestimmte Anzahl von Bildern nach Franz' Wahl. So konnte ein freies ungehemmtes Arbeiten beginnen. An sich war es für den Sammler auch ein Vorzug, und doch ging er ein Risiko ein, weil Franz ganz unbekannt war. Damals konnte kein Mensch vermuten, was für eine Bedeutung sein Name eines Tages erlangen würde.

Wir hatten Koehler bei seinem Besuch von unserer bevorstehenden Heirat erzählt. Er ließ Franz einen Ehering anfertigen nach dem Muster eines alten Rings, den ich von Franz bekommen hatte. Die Eheringe hatten wir nun, aber der Dispens ließ auf sich warten. Als endlich die Antwort auf das letzte Gesuch kam, erfuhren wird, auch dieses war abschlägig beschieden worden. Nun waren wir in eine sehr peinliche Verlegenheit geraten. Unser langjähriges Zusammenleben, das wir vor meinen Eltern immer geheim gehalten hatten, war ihnen ja nun bekannt, und sie hatten mir nur deshalb erlaubt, nach Sindelsdorf zurückzukehren, weil angeblich die Heirat nahe bevorstand. Es blieb uns nichts anderes übrig, als die Trauung in England vollziehen zu lassen, damit dieser unsichere Zustand endlich ein Ende nehmen konnte. Dazu mussten wir natürlich meine Eltern verständigen, und das war sehr schwierig. Sie hatten schon gewisses Vertrauen gefasst, wussten aber immer noch nicht, welcher Art die Probleme und Hindernisse waren, die hinter dem Eheverbot in Deutschland standen.

Ende Mai 1911 machten wir uns auf die große Reise, zuerst nach Berlin zu meinen Eltern, zu denen ich mich gar nicht gleich hinzugehen getraut habe. So ging ich erst zu einer Freundin, Franz begab sich allein auf den schweren Gang. Nach ein paar

Stunden rief er an, ich sollte kommen. Das Wiedersehen war etwas gezwungen – begreiflicherweise –, aber schließlich machten meine Eltern gute Miene zu bösem Spiel und wurden aufgeschlossener. Wir besuchten zusammen den Zoologischen Garten, um Franz eine besondere Freude zu machen. Der Tag verlief ganz harmonisch, und es gab gar keinen peinlichen Zwischenfall bis zu unserer Abfahrt. Mein Vater gab uns sogar noch Geld mit auf die Reise.

Wir fuhren also von Berlin die Nacht durch nach Holland und von Vlissingen mit dem Schiff nach England. Das Meer blieb gar nicht still. Franz verschwand sofort, in der Befürchtung, seekrank zu werden, in der schützenden Kajüte, während ich mich gern oben aufhalten wollte und selig war über das bewegte Meer, über die schöne Reise und alles, was sie bringen sollte. Allen Bewegungen des Schiffes gab ich mich hin und kam ohne Seekrankheit an. Ich habe mit vollem Bewusstsein den Boden des fremden Landes betreten, sehr neugierig und erwartungsvoll.

Schnell ging es weiter nach London. London! Irgendwer hatte Franz ein gutes kleines Hotel in der Nähe des Britischen Museums empfohlen. Wir fanden es und blieben dort eine Nacht. Schon der erste Abend brachte uns manche Überraschung und Erheiterung mit der Sprache. Franz las sehr gut Englisch, hatte aber nie Gelegenheit gehabt, es zu sprechen. Oftmals in der Schnelligkeit und Verlegenheit sprach er jetzt lateinische Worte englisch aus, sehr zu meinem Gaudium, oder er fing mit Französisch an, was er sehr gut beherrschte. Ich blieb lieber stumm und zeigte auf das Wort, das ich sagen wollte, in meinem Sprachführer mit dem Finger. Auch saßen wir hilflos vor der Speisekarte und hatten schließlich genug zu essen und ein lauwarmes Getränk dazu. Getränke waren in der Folgezeit, obwohl es sommerlich warm war, immer lauwarm in England. Beim Bezahlen behauptete Franz, zu viel herausbekommen zu haben; er rechnete mit dem Teiler 10, während die Engländer mit 12 rechneten. Noch komischer wurde das Frühstück am nächsten Morgen. Wir fanden auf dem Tisch reichlich herrliche Marmelade und Butter und schönes Weißbrot. Wir frühstückten und aßen nach biederer deutscher Weise, wie wir es gewohnt waren, Brot und gute Butter und die verlockende Marmelade, bis wir satt waren. Da erschien der Kellner mit einer wundervollen Platte Schinken und Ei. Franz blinzelte mir zu und nahm sich eine Portion, ohne mit der Wimper zu zucken. Wir lachten im Stillen und bedienten uns weiter. Franz meinte, dann hätte das Mittagessen Zeit. Kaum waren wir mit dem Schinken und den Eiern fertig, als der Kellner mit einer Schüssel, gefüllt mit Omelette, auftauchte. Wir platzten einfach los und gestanden, dass wir nichts mehr essen könnten. Aber der freundliche Kellner wich nicht zurück, er redete uns zu und sagte, es wäre wirklich so sehr gut. Und wir nahmen auch davon noch einen ordentlichen Teil und lachten uns selber aus, dass wir auf das gewöhnliche Brot-und-Marmelade-Frühstück hereingefallen waren, und der Kellner lachte mit uns.

Nach einem ersten Besuch im Britischen Museum wollten wir uns dann nach dem endgültigen Quartier umschauen. Als die wichtigste Empfehlung in dem ganz unbekannten Land hatten wir von Macke die Adresse einer Verwandten bekommen, die in ihrer Jugend auch Schwierigkeiten um der Ehe willen gehabt und große Hilfe durch seine Mutter erfahren hatte. Sie war immer noch dankbar für den Beistand und hatte öfters zu August gesagt, dass sie gern auch jemandem in Bedrängnis zu einer glücklichen Ehe verhelfen möchte. Dazu bot ihr nun unser Geschick eine gute Gelegenheit. August hatte ihr geschrieben, dass wir zu ihr kommen würden. Wir fuhren hinaus in den Vorort Anerley zu seiner Cousine [Helene Brickwede]. Ihr Ehemann [Carl Brickwede] besaß ein Eckhaus, das Railway Hotel, in dem auch sie selber wohnten. Es hatte unten ein wunderbares Restaurant, das in vier oder fünf verschiedene Abteilungen gegliedert war. Die größte war das Komfortabteil, sehr nett und behaglich. Dann folgten die anderen, schmal und lang; sie gingen von der Mitte aus, wo sich die Theke befand, sodass man in jeder Abteilung an diese herantreten konnte.

An der Theke stand der nette sympathische Besitzer, neben ihm seine große schlanke Frau, die eher aristokratisch wirkte; sie hätte auf ein Reitpferd gepasst. Man sah den beiden an, dass sie ganz verschiedener Herkunft waren. Es war eine sehr glückliche Ehe, und die Frau hat, wie sie sagte, nie bereut, diesem Mann gefolgt zu sein. Sie haben sehr selbstlos und liebevoll an uns gehandelt. Sogar ihre Existenz riskiert. Es gab in England keine polizeiliche Anmeldepflicht – aber es war Vorschrift, dass man nicht heiraten durfte, ohne eine bestimmte Zeit in England gelebt zu haben. Diese Zeit war für uns zu lang, wir hatten nicht das Geld und meinten, einen früheren Termin unserer Einreise angeben zu können. Das musste durch die Leute geschehen, bei denen wir wohnten, aber wenn es herauskam, dass die Angabe falsch war, wurde denen das Lokal geschlossen. So gab es einesteils große Freiheiten in England, dagegen aber schwere Strafen, wenn man sie missbrauchte. Der Mann machte auch ein bedenkliches Gesicht, aber die Frau sagte: »Ich weiß, was ich zu tun habe, und ich denke daran, was Augusts Mutter für uns getan hat.« Sie gab auf dem Standesamt in Croydon, zu dem Anerley gehörte, einen Termin unserer Ankunft an, der den Bestimmungen genügte. Wir waren zusammen auf dem Standesamt Croydon, und alles schien gut und glatt zu laufen. Man sagte uns, dass wir in einigen Tagen die Antwort bekämen, wann man uns trauen würde.

In der Zwischenzeit liefen wir viel in London herum, in den Museen, durch die Straßen und besahen die schönen Geschäfte, kauften auch einiges – mir phantastische Strümpfe, Seidentücher etc. und ein bemaltes Kästchen, das ich Franz zur Feier der Verheiratung schenken wollte. Auch ein Volksfest besuchten wir und fuhren zum Pferderennen nach Epsom. Das war eine tolle Sache. Wir waren überaus erstaunt zu sehen, wie das ganze Volk an diesen Dingen teilnahm. Das kam uns bei dem Rennen sehr stark zum Bewusstsein. Unsere Bekannten hatten uns geraten, keine Tribünenplätze zu nehmen, weil sie sehr teuer seien, und wir wollten dies auch befolgen. Als wir aber hinkamen, wurden wir ganz bedenklich, als wir sahen, zwischen was für Menschen wir dort gerieten. Es waren Typen, wie man sie in Deutschland nicht gern in nächster Nähe hat. So nahmen wir nun doch Tribünenplätze, von denen wir ganz gut sehen konnten. Wir sahen Dinge, wie wir sie den nüchternen Engländern gar nicht zugetraut hätten, so phantastisch, fremdartig, exotisch muteten sie uns an. Es bildeten sich vor Beginn des Rennens hier und dort kleine Gruppen – auch kreisförmig angeordnet –, und nun sah man in ihrer Mitte zum Beispiel einen Schlangenbeschwörer mit seiner Schlange. Da erkannten wir plötzlich, dass England ja Kolonien hatte, die natürlich allerhand Gewohnheiten ins Mutterland brachten. Das machte uns viel Spaß, denn im Grunde wollten wir doch viel mehr einen Eindruck vom englischen Volk haben, als das Rennen sehen.

An den Eisenbahnstationen fielen uns die unzähligen Teekannen auf. Man konnte überall Tee trinken, wie in Deutschland Bier. Auch bei dem Volksfest im Garten des Crystal Palace gab es nette Dinge. Auch hier bildeten sich kleine Gruppen und Kreise. In deren Mitte musizierten privatim zwei, drei Musiker, die anderen tanzten um sie herum. Und dann die verschiedenen Vergnügungen, Karussells und Schaukeln, die Franz besonders beeindruckten und bei deren bloßem Anblick er schon seekrank wurde. Auf der Rückfahrt mit der Bahn hatten wir dann ebenfalls ein nettes Erlebnis. Wir fuhren in einer niederen Wagenklasse. Man spielte ein an sich kindliches Spiel – allerdings mit Goldstücken. Einer nahm das Goldstück, ohne dass der andere es sehen konnte, in die Hand und verwechselte die beiden Fäuste, mal die eine oben, mal die andere, und der Partner musste raten, in welcher Faust das Goldstück sei. Riet er richtig, gehörte das Goldstück ihm, riet er falsch, musste er eines geben. Franz wollte sich beteiligen und riet falsch und wollte natürlich ein Goldstück hergeben. Aber die Spieler erhoben einstimmig energischen Protest; sie wollten von einem Fremden das Geld nicht nehmen. Es half nichts, so sehr Franz die Richtigkeit seiner Buße betonte, sie haben das Geld nicht angenommen. Das hat uns im Grunde doch gefreut. Wir lernten die Engländer von der wirklich netten Seite kennen. Sie

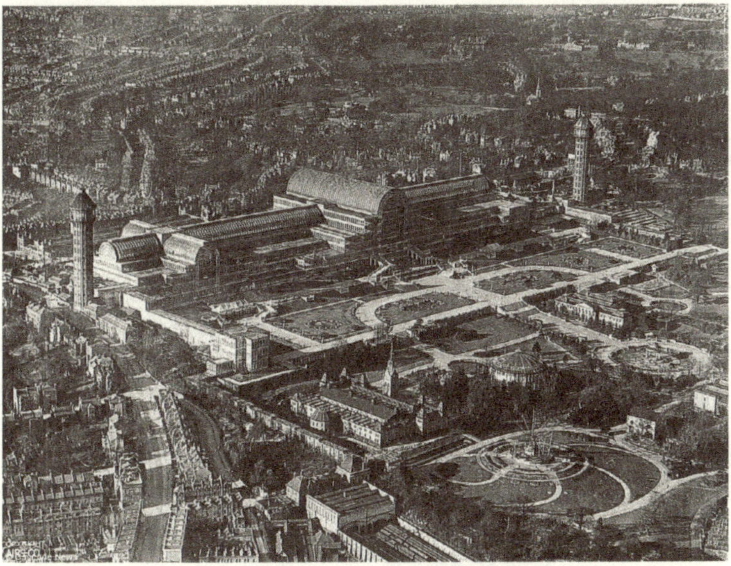

Chrystal Palace mit Vergnügungspark

sprachen mit uns langsam und deutlich, damit wir es verstehen konnten. Wenn wir an einer Straßenecke standen, die Straßenschilder lesend, fragte man uns regelmäßig, wohin wir gehen wollten, und half mit, uns auf den rechten Weg zu bringen. Als wir einmal mit einer der vielen Untergrundbahnen falsch gefahren waren, brachte man uns freundlichst hin und her auf die richtige Linie. Von Nachbezahlen war keine Rede. Das hat uns alles sehr gefallen. Aber aufgefallen ist uns der krasse Unterschied von arm und reich dicht nebeneinander, auch auf den eleganten Straßen wie Piccadilly und Oxford Street. Da liefen arme zerlumpte Kinder zwischen den gut Angezogenen. Autobuskutscher hatten keine Uniformen, sondern ganz geflickte Mäntel, und in dem Restaurant unserer Bekannten half ein älterer Mann in einem Anzug, in dem man ihn bei uns nicht in ein solches Haus hineingelassen hätte. Aber alle Leute waren freundlich, ehrlich und bescheiden.

So zogen wir sehr angeregt und glücklich in der Großstadt London umher und ahnten nicht, welche Enttäuschung uns

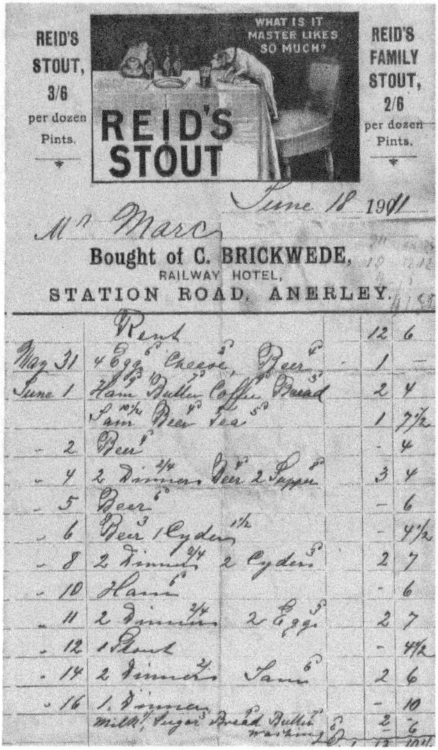

REID'S STOUT, 3/6 per dozen Pints.

WHAT IS IT MASTER LIKES SO MUCH?

REID'S STOUT

REID'S FAMILY STOUT, 2/6 per dozen Pints.

June 18 1911

Mr Marc

Bought of C. BRICKWEDE,
RAILWAY HOTEL,
STATION ROAD, ANERLEY.

| | | | |
|---|---|---|---|
| | Rent | 12 | 6 |
| May 31 | 4 Eggs Cheese, Beer | 1 | – |
| June 1 | Ham Butter Coffee Bread | 2 | 4 |
| | Jam Beer Tea | 1 | 7½ |
| – 2 | Beer | - | 4 |
| – 4 | 2 Dinner Beer 2 Supper | 3 | 4 |
| – 5 | Beer | – | 6 |
| – 6 | Beer 1 Cyder | - | 4½ |
| – 8 | 2 Dinner 2 Cyder | 2 | 7 |
| – 10 | Ham | - | 6 |
| – 11 | 2 Dinner 2 Eggs | 2 | 7 |
| – 12 | 1 Stout | - | 4½ |
| – 14 | 2 Dinner Jam | 2 | 6 |
| – 16 | 1 Dinner | – | 10 |
| | Milk Sugar Bread Butter washing | 2 | 6 |

Hotel- und Restaurantrechnung für »Mr Marc«

bevorstand. Es kam der Bescheid vom Standesamt Croydon, und der hieß, dass man gern bereit wäre, uns zu verheiraten, wenn wir den Nachweis bringen könnten, dass in unserem Vaterlande kein Ehehindernis vorläge. Das war ein schwerer Schlag! Franz las das Schreiben allein. Ich sah, wie sein Gesichtsausdruck sich jäh veränderte. Er wurde in der Tat plötzlich ganz bleich und reichte mir wortlos den Brief. Franz hat sich fürchterlich aufgeregt darüber, und er reagierte darauf, indem er auf das nächste Telegraphenamt ging und Telegramme in die Welt setzte: »glücklich verheiratet«. Ich war sehr sprachlos, dass er allein, ohne mit mir zu überlegen, einfach gehandelt hatte. Außerdem ließ er durch seinen Bruder Paul Vermählungsanzeigen in Deutschland verschicken. Aber er warf auch so nicht gleich die Flinte ins Korn. Erst suchten wir

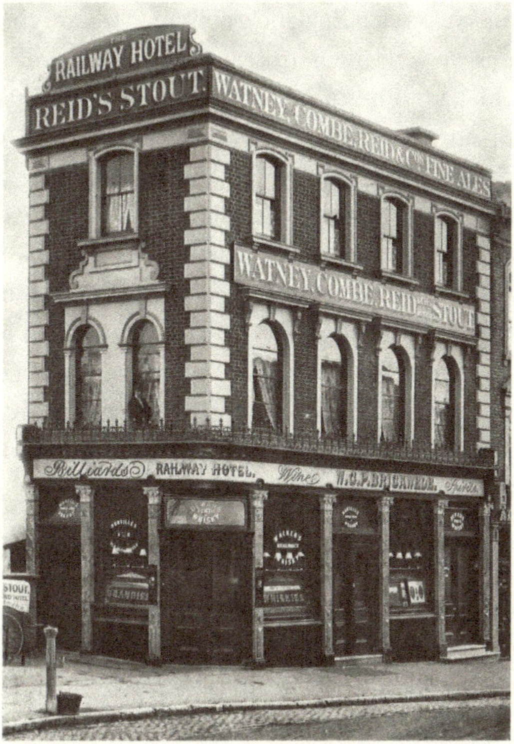


Franz Marcs und Maria Francks Domizil während ihres Aufenthaltes 1911 in London: das Railway Hotel im Vorort Anerley

etwas von dem Schmied in Gretna Green zu erfahren. Das wäre mir das Liebste gewesen, auf so romantische Weise zu heiraten. Aber merkwürdigerweise konnten wir nichts über ihn herausbringen. Dann versuchte Franz es bei den Pfarrern, denn die Kirche besaß angeblich das Recht, selbständig Ehen zu schließen. Auch das misslang. Zuletzt gingen wir in ein Heiratsbüro, wo man uns die Sache erklärte. Früher, ja kurze Zeit vorher, hatte man alle, die kamen, ohne Schwierigkeit verheiratet, bis von Deutschland aus das Anliegen kam, es nicht mehr zu tun. Erst nach einigem Hin und Her soll England eingewilligt haben. Wir gehörten wohl zu den ersten Fällen.

Wenn wir in England hätten dauerhaft bleiben und leben wollen, hätten wir ohne Mühe die Heirat durchgesetzt. Da wir aber nur zu dem Zweck nach England gekommen waren, ging es nicht. Man riet uns, zu verzichten, trotzdem es Wege gab, die Heirat zu erreichen. Man sagte uns jedoch, dass man uns [von Bestechungszahlungen] nur abraten könnte, weil wir nicht die Menschen seien, solche Wege zu beschreiten. Wir könnten sehr dabei hereinfallen. Einzig wenn wir so viel Geld hätten, ein Schiff zu mieten, einen Pfarrer und Zeugen mitzunehmen und so weit hinauszufahren, bis wir in neutralem Gewässer wären, dann wäre die Verheiratung möglich und gültig. Aber so viel Geld hatten wir nicht und mussten also verzichten. Der größte Schmerz war, dass wir nicht erfahren konnten, ob es den Schmied von Gretna Green noch gab. Wir wären sofort hingefahren. Ich begreife nicht, warum wir nichts erfahren konnten, denn viel später sah ich einmal in einem Film die Schmiede und den Schmied und alles, wie es tatsächlich existierte.

Wir mussten unverheiratet verheiratet nach Deutschland zurückkehren. Das war namentlich für mich nicht einfach, es blieb mir aber nichts anderes übrig, und ich fügte mich in das unbegreifliche Schicksal.

Unser erstes Ziel auf der Rückreise war Lille. Franz wollte mir mal ein französisches Provinzstädtchen zeigen. So stiegen wir in Lille aus und wählten ein einfaches Hotel, weil Franz auch hier mit dem Volk in Berührung kommen wollte. Er liebte die Franzosen sehr. Ganz erfreute uns die Erfahrung nicht, und ich streikte dann energisch, es ein zweites Mal ebenso zu machen, erreichte auch, dass wir in Brüssel, unserem nächsten Reiseaufenthalt, in ein schöneres Hotel – das Grand Hotel – gingen. Dieses hat mich dann voll befriedigt. Brüssel gefiel uns sehr gut, eine schöne elegante Stadt, und wir erlebten angenehme Tage dort. Dann ging es weiter nach Aachen, wo eine Ausstellung mit Tieren angezeigt war. Es hatte uns mächtig nach Paris gezogen für ein paar Tage, aber leider langte das Geld nicht. Wir waren ja über drei Wochen in London gewesen! In der Aachener Ausstellung war leider nichts los.

Wir fuhren dann nach Bonn zu den Freunden Macke, wo wir eine schöne, anregende Zeit verbrachten.

Mackes bewohnten ein hübsches kleines Haus. August hatte ein gutes Atelier und sehr schöne Arbeiten. Im Atelier gab es sogar Wände, die Franz sehr zur Bemalung lockten. August und er beschlossen, sich an die Arbeit zu machen. Sie malten auf die ungrundierte Wand. Das Bild war nur für den Augenblick gedacht und blätterte später etwas ab. Und doch hat es erstaunlich gut gehalten.* Es waren also schöne Stunden der Zusammenarbeit. Die ganze Zeit machte uns viel Freude, die nette Häuslichkeit mit Augusts Bildern und Lisbeth mit ihrem hübschen, kräftigen und lebhaften Buben, der auch schon zu reden anfing, und die Stickereien von Lisbeths Großmutter und Mutter nach Zeichnungen von August – die ganze künstlerische und liebevolle Atmosphäre.

Aber endlich ersehnten wir die Rückkehr nach Sindelsdorf. Franz wollte nun für sich arbeiten und schaffen. Aufs Land zog es uns. Wenn auch in Bonn ein wunderschöner Garten war, so blieb es doch »Stadt«, und wir wollten in unsere Stille. Auf der ganzen weiten langen Reise hatte der Stadtlärm uns nicht verlassen. Wir fuhren von Bonn mit dem Schiff rheinaufwärts zu einem Verwandtenbesuch nach Mainz.

In Sindelsdorf angekommen, wurden wir von Helmuth Macke empfangen. Russi, unser großer weißer Hund, bellte uns mächtig an, als er uns sah, kehrte uns aber, als wir uns ihm näherten, den Rücken zu und kroch zu seiner Hütte – ganz beleidigt. Er war nicht zu bewegen, herauszukommen. Er wollte uns zeigen, dass wir ihn so lange verlassen und dass er es übel genommen hatte. Erst nachdem wir über eine Stunde im Haus waren, bellte er wie ein Verrückter und wollte zu uns ins Zimmer. Dann war der Friede wiederhergestellt.

* Das bekannte Gemeinschaftswerk *Paradies* entstand im Oktober 1912 – während jenes späteren Aufenthaltes von Franz Marc und Maria Franck in Bonn.

Auf mir freilich lastete ein Druck, weil ich nun als verheiratet galt und es nicht war. Franz hatte in dieser Beziehung gar keine Hemmungen, ihm machte das noch besonderen Spaß. Allerdings hat uns unser Anwalt etwas ausgeschimpft, dass wir solch einen Blödsinn anstellten. Er machte uns darauf aufmerksam, dass es doch allerhand Gefahren mit sich brächte, zu behaupten, man sei verheiratet, wenn das gar nicht stimmte. Es war nun aber mal geschehen und zu spät, es zu ändern. Wir hatten auch nur der Annette Simon von unserer Schwindelei erzählt. Klar gemacht hatten wir uns überhaupt nicht, was es damit auf sich hatte. Der Anwalt versprach, unsere Sache, sobald es möglich sein würde, von anderer Seite her wieder aufzunehmen. Franz verspottete meine Ängstlichkeit, die ein Komplex zu werden drohte. Es war mir schwer erträglich, etwas Gesetzeswidriges zu tun, und ich bekam jedes Mal einen Schrecken, wenn der brave, harmlose Gemeindediener in die Nähe unseres Hauses kam, weil ich dachte, es wäre irgendetwas los. Aber es passierte uns gar nichts.

Unser Anwalt hat uns doch noch gut geholfen und durch persönliche Beziehungen zwei Jahre später den Dispens erreicht, sodass wir dann, ohne weitere Zwischenfälle, im Juni 1913 in München rechtmäßig geheiratet haben. Dass uns das gelungen ist, ohne Aufsehen zu erregen und ohne es unseren Freundeskreis merken zu lassen, dass wir noch gar nicht verheiratet gewesen waren, ist kaum zu glauben. So ging doch noch alles gut aus, und wir brauchten nichts mehr in dieser Hinsicht zu fürchten.

Im Sommer 1911, von der Reise nach England zurückgekehrt, setzte Franz seine Arbeiten mit gesteigerter Energie fort. Es entstand ein Bild nach dem anderen und eines schöner als das andere. Er arbeitete den ganzen Tag, ständig und unausgesetzt – aber immer mit großer Gelassenheit. Man hatte nie das Gefühl von Gehetztsein, alles ging ruhig und stetig seinen Gang. Abends wurde modelliert – lange Zeit an einem weiblichen Torso – oder Holzschnitte gemacht und in Skizzenbücher gezeichnet. Immer musste ich während der Abendstunden musizieren. Das hatte

Franz so gern, obgleich er nie Musik ausgeübt hatte. Er erbat sich als einzigen Aussteuergegenstand von meinen Eltern ein Klavier, das ich natürlich bekam. Unser Wohnzimmerchen war sehr hübsch und eigenartig mit den netten Möbeln, teils aus Franz', teils aus meiner Familie, die gut zusammenpassten. Eine schöne Glasvitrine hatte ich von meinen Eltern mit zur Aussteuer bekommen, dahinein stellten wir all unser hübsches Porzellan, Gläser und auch Gegenstände, die wir selbst angeschafft hatten. An der einen Wand hing ein Wassily Kandinsky [*Improvisation 12 / Reiter*], der den ganzen Raum beherrschte, auf der anderen ein Bild von Gabriele Münter [*Dorfstraße im Winter*], das ich sehr liebte. Es ließ sich gut in dem Zimmer wohnen, und auch mein Schlafzimmer auf der anderen Seite des Hauses ist sehr hübsch gewesen. Das neu hinzugekommene Zimmer im Erdgeschoss wurde mein Atelier. Franz wollte immer, dass ich weiter arbeiten sollte, was ich auch gerne tat. Zwar machte mir der Haushalt viel Kopfzerbrechen und nahm mich stets in Anspruch. Es war sehr schwer, eine tatkräftige zuverlässige Hilfe zu finden, die in dem kleinen Sindelsdorf bleiben mochte. So hatten wir auch verschiedentlich Pech. Dadurch, dass jetzt mancher Besuch zu uns herauskam, war es mitunter nicht leicht, ohne Hilfe ein gastfreies Haus zu führen, wie wir beide es gewöhnt waren und gerne hatten.

Der häufigste Besuch waren Kandinsky und Münter und Paul und Helene Marc. Wir waren überhaupt nicht mehr allein. Jean Bloé Niestlé und Marguerite Legros lebten jetzt auch in Sindelsdorf, Heinrich Campendonk war noch hinzugekommen und dort geblieben sowie seine Freundin Adda Deichmann.*

Helmuth Macke hatte uns verlassen. Ihm war alles zu übermächtig geworden, was er um sich herum geschehen sah, denn auch Campendonk arbeitete fieberhaft und sehr begabt. Helmuth war viel schwerer beweglich, ihm lag auch diese neue Art zu malen nicht. Er blieb aber so ehrlich und aufrichtig, sich nicht mit äußerlich Angeglichenem zu begnügen, sondern arbeitete Schritt

* Diese beiden Paare heiraten 1913 um die gleiche Zeit wie Franz und Maria.

für Schritt, wie es ihn überkam. Und doch sehnte er sich nach einem anderen Leben, als die Einsamkeit von Sindelsdorf es ihm bieten konnte. Darum unterstützten wir Helmuths Wunsch und rieten ihm, nach Berlin zu gehen. Und so verließ er uns eines Tages. Wir ließen ihn ungern ziehen. Da wir aber glaubten, dass es zu seinem Besten sein würde, mussten wir es geschehen lassen.

Innerhalb der Neuen Künstler-Vereinigung ereigneten sich im Spätherbst 1911 Vorgänge, die zu einem großen Umschwung führen sollten. Zum Anlass wurde eine geplante Ausstellung, zu der Kandinsky eine Anzahl von Bildern aus dem Ausland herbeiholen wollte, aus Frankreich Picasso, Braque, Derain, Delaunay, Le Fauconnier etc. und aus Russland die beiden Brüder David und Wladimir Burljuk, Frau Natalija Sergejewna Gontscharowa und andere. Kandinsky selbst wollte ein neues Bild ausstellen. Aber – gegen dieses Bild erhob sich Einspruch. Man konnte sich mit seinem großen, seltsamen, abstrakten Gemälde »Das Jüngste Gericht« nicht einverstanden erklären und verlangte vor der Ausstellung in den Räumen der Neuen Galerie Thannhauser eine Abstimmung – also eine Jury darüber, die noch niemals zuvor ausgeübt worden war. Da man keinen triftigen Einwand hatte, griff man zu diesem Mittel: Das Bild, wurde bemängelt, übersteige das jedem Maler zugebilligte Maß an Größe. Es war bekanntlich größer, als jeder [laut Satzung] zu beanspruchen berechtigt war. Werefkin hielt eine flammende Rede für das Bild, erweckte jedoch kein Verständnis, und das Ausstellen des Werkes wurde mehrheitlich verneint. Es ergab sich eine scharfe Auseinandersetzung mit dem Resultat, dass Kandinsky, Franz, Münter und noch andere aus der Neuen Künstler-Vereinigung München austraten. Leider haben sich Jawlensky und Werefkin nicht entschließen können, ebenfalls ihren Austritt zu erklären, denn ohne sie hätte die Vereinigung kaum weiter bestehen können, aber gerade das hätten sie bedauert. Außerdem waren sie mit Erbslöh freundschaftlich eng verbunden und wollten es darum nicht zum Äußersten kommen lassen.

So haben dann Wassily Kandinsky und Franz Marc auf ihre Weise geplant. Sie zogen auch ausländische Künstler heran, und es entstand eine sehr interessante Ausstellung »veranstaltet von der Redaktion ›Der Blaue Reiter‹«. Es sei hier eingeschaltet, dass ›Der Blaue Reiter‹ niemals eine Künstlergruppe gewesen ist, die Mitglieder hatte, sondern dass nur Kandinsky und Marc als »Redaktion ›Der Blaue Reiter‹« eigene Ausstellungen veranstalteten. Die Situation gestaltete sich spannend und komisch zugleich. Sie erhielten die Möglichkeit, ihre Ausstellung [vom 18. Dezember 1911 bis zum 1. Januar 1912] in den Räumen der Galerie Thannhauser neben derjenigen der Neuen Künstler-Vereinigung zu hängen, die einen auf der einen Seite, die anderen auf der anderen Seite. Es ergab sich ein lebhaftes, hochinteressantes Hin und Her zwischen den beiden Parteien. Niemand konnte seine Neugier bezähmen. Jawlensky und Werefkin waren begeistert von den ausländischen Bildern und sprachen immer wieder ihr Bedauern über die Trennung aus. Sie war nun mal geschehen, und es stellte sich bald heraus, dass es gut so war. Marc und Kandinsky fühlten sich erleichtert, alles Hineinreden der anderen und jede Rücksichtnahme los zu sein und alles nach ihren Ideen gestalten zu können.

Franz sprach mir gegenüber oft davon, dass er mit absoluter Sicherheit eines Tages darüber hinaus kommen würde, diese Tierbilder zu schaffen, die ja viel Anklang fänden. Nach seinem Ausspruch »brauchte« er die Tiere zunächst sehr, und er meinte einmal: »Die Leute werden sich wundern, was ich ihnen noch alles zumuten werde.« Vorerst bewunderte und schätzte er die abstrakten Bilder von Kandinsky. Es wurde viel darüber gesprochen – unter uns und mit August Macke, der immer, bei aller Zustimmung, doch Vorbehalte hatte. Er ging bekanntlich nicht mit derselben Einmütigkeit mit. Aber auch für uns war es mitunter sehr schwierig, zum vollen Verständnis der Bilder von Kandinsky zu gelangen, ihre Notwendigkeit ganz zu verstehen.

Inzwischen war die Zeit vergangen, und wir schrieben bereits das Jahr 1912. Eines Tages erhielt Franz den Brief eines Publizisten, Kunsthändlers und Galeristen, der uns allen unbekannt war, aber den neuen Ideen sehr zugänglich schien – Herwarth Walden aus Berlin. Er strebte eine Verbindung mit Franz Marc und Wassily Kandinsky an, die dann zu einer Zusammenarbeit führte.

Auch andere Kreise wurden aufmerksam, wie die am Rhein – in Bonn, in Köln und auch in Düsseldorf –, wo August Macke sich tapfer und energisch für die neuen Bilder einsetzte. In Köln leitete Frl. Emmy Worringer den Gereonsclub, der Ausstellungen dieser modernen Werke zeigte. August schrieb darüber an Franz und schilderte die Auseinandersetzungen und Kämpfe, die diesen Ausstellungen vorausgingen. Auch Museumsdirektoren und sogar der Sonderbund westdeutscher Kunstfreunde und Künstler wurden mit hineingezogen. Der gute August war mittendrin in den Streitigkeiten, es war eine sehr erregte Situation entstanden. Aufgeregte Briefe gingen hin und her. Der Sonderbund, d. h. diejenigen Mitglieder, die mit der Zeit gingen, lud u. a. Kandinsky und Marc zu seiner großen Ausstellung ein und sicherte allen, ohne Jury, Plätze für die Bilder zu. Franz stellte die Bedingung, die Bilder, die er schicken würde, ausnahmslos zu nehmen und aufzuhängen, um deutlich zu machen, dass die Entwicklung bestimmte Wege ging. Aber das Resultat war, dass sich der Sonderbund – d. h. in diesem Falle die reaktionären Mitglieder – gar nicht darum kümmerte und ohne stichhaltige Begründung und trotz vorhergegangener Zusicherungen Bilder auch von Franz zurückwies. Das war zu viel für ihn. Er schrieb an Herwarth Walden, ob er mit den abgelehnten Werken der betroffenen Künstler eine Ausstellung in Berlin veranstalten wollte unter dem Namen »Refüsierte Bilder der Sonderbundausstellung«. Daraus entstand ein toller Krach – denn das war wieder zu viel für die Rheinländer. Aber keiner zog seine Meinung zurück. August Macke [Mitglied der Sonderbund-Auswahlkommission] schrieb wütende Briefe nach Sindelsdorf, und es entstand eine große gegenseitige Verstimmung. Trotzdem fuhren wir nach Köln, denn

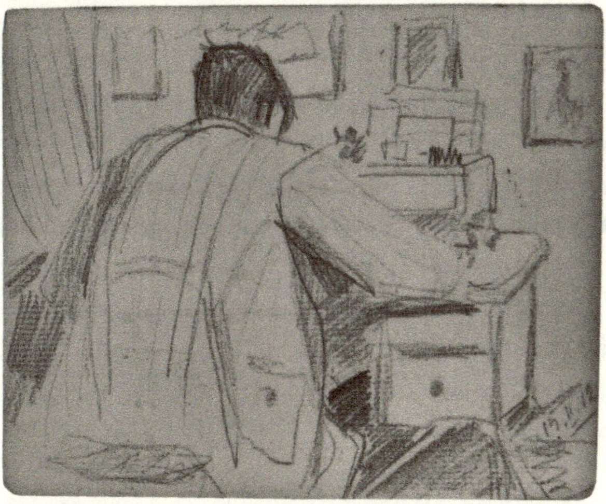

Maria Marc: *Franz Marc am Schreibtisch in Sindelsdorf,* 1912

sehen wollte Franz die Ausstellung auf jeden Fall. Und die »refüsierten Bilder« hingen dann tatsächlich in Berlin. Im Grund war alles nicht so wichtig, wenn man heute daran zurückdenkt, aber damals hat das sehr viel Staub aufgewirbelt. Die Verbindung zu Herwarth Walden war allerdings insgesamt enger geworden. Er brachte bald darauf die Ausstellung der »Futuristen« nach Köln und dann nach München. Das hatte neue Proteste von vielen Seiten zur Folge, und Franz war froh, immer wieder nach dem abgelegenen Sindelsdorf zu seiner Arbeit zurückkehren zu können.

Es ergab sich auch ganz selbstverständlich, dass die modernen Maler sich gezwungen fühlten, über ihre Bilder, ihre Beweggründe und Ziele zu schreiben. Bei Marc war es das dringende Bedürfnis, sich selbst Rechenschaft abzulegen. Er saß oft am Abend an seinem Schreibtisch und schrieb still für sich. Dass es keine Briefe waren, das sah ich, fragte aber auch nicht danach, bis er eines Tages sagte, er schreibe seine Gedanken auf, und er würde es mir vorlesen, sobald er mehr beisammen hätte. Es waren damals meist lose Blätter mit Ideen, die zu notieren ihm ermöglichte, sich selber über das klar zu werden, was da eigentlich vor sich ging und welch tiefe und gewichtige Ursachen dieser Umwandlung – die in den Bildern zum Ausdruck kam – zugrunde lagen. Alles ging bei ihm Hand in Hand, er konnte nicht anders schaffen. Die Gedanken, Überlegungen und Erkenntnisse kamen nicht aus dem Intellekt, sondern sie waren Ergebnis seiner seelischen Entwicklung, die bewusst zu machen, er sich gedrängt sah. Es war ein großes Glück für mich, an allem teilzuhaben und zu erleben, wie auch in mir das Verständnis für das Neue und Wesentliche erwachte. Ohne dies hätte ich es nie vermocht, Marcs Ideen lebendig zu halten, an mir und für mich weiter an ihnen zu bauen und nach seinem Tod das schwere Leben allein zu bestehen.

Die Arbeit an dem Almanach war auch vorangegangen. Er kam zustande – der »Blaue Reiter« erschien! Und machte nach seiner Veröffentlichung Aufsehen. Als erstes Buch, das den Versuch machte, die künstlerische Zusammengehörigkeit der verschiedensten Kunstwerke zu zeigen. Werke aus allen Zeiten und von allen Völkern. Das Interesse war so groß, dass bald eine zweite Auflage erscheinen konnte. Das war schon ein Erfolg – trotz aller Gegenwehr von Seiten vieler Künstler und des Publikums.

Die Erkenntnis, dass sich an allen möglichen Orten der Welt neue Ideen regten, hatte in Franz das Bedürfnis entstehen lassen, kennenzulernen, was in Deutschland in diesem Sinn geschah. Er wusste wohl schon länger von den Malern der »Brücke«, hatte aber zunächst noch nicht viel von ihnen gesehen. Schon um die Weihnachtszeit 1911 waren wir mit den Mitgliedern der »Brücke« in Berlin in Berührung gekommen und hatten sie nach und nach alle persönlich kennengelernt. Damals gehörte noch Arthur Segal dazu, auch besuchten wir Erich Heckel, Ernst Ludwig Kirchner und Otto Mueller und waren sehr angetan von ihnen wie von ihren Arbeiten.

Ich werde nie den ersten Besuch bei Heckel und seiner Gefährtin vergessen! Sie lebten damals in recht schwierigen äußeren Verhältnissen und bewohnten eine kleine Atelierwohnung. Als

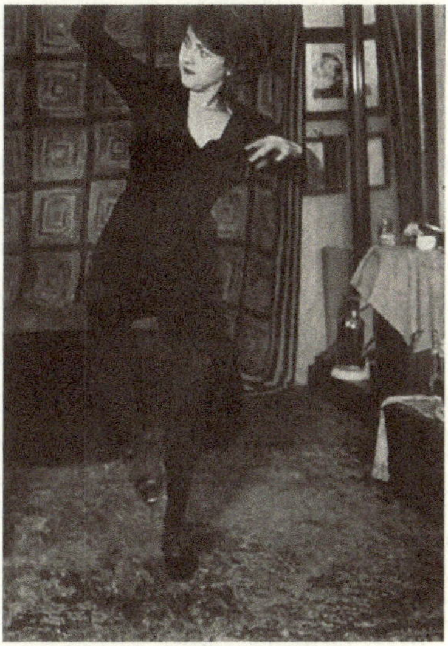

Die Tänzerin Sidi Riha

wir hinkamen, war Heckel allein zu Hause. Wir nahmen in der winzigen Küche Platz, und er war so lieb, uns gleich einen Kaffee anzubieten, traf auch die Vorbereitungen, ohne zum Ziel zu gelangen; ich weiß nicht mehr, woran es lag. Es gab nur selbstgezimmerte Möbel, die Stühle waren etwas leicht, nur für zarte Menschen berechnet, nicht für ein Geschöpf, wie ich es war. Ich setzte mich zwar beherzt auf einen dieser Stühle, saß aber kaum, als er tatsächlich unter meinem Gewicht zu schwanken begann und schließlich zusammenklappte, sodass ich plötzlich auf dem Boden saß. Das war mir damals schrecklich peinlich, und ich wollte, um den schlechten Eindruck gut zu machen, Heckel beim Kaffeekochen helfen. Aber auch mir gelang es nicht, ich weiß nicht mehr warum. Wir mussten auf Sidi Riha* warten, die auch bald erschien, in einem ganz kurzen Kleidchen, klein und jung wie ein Kind. Wir staunten nur so, wie das zierliche Wesen in der Engigkeit mit seinen zierlichen Beinchen zwischen uns herumstieg und im Handumdrehen einen wunderbaren Kaffee zustande brachte.

* Der bürgerliche Name der Ausdruckstänzerin war Milda Frieda Georgi.

Das hatte ich ihr gar nicht zugetraut und etwas anderes auch nicht – nämlich dass sie mich gern hatte. Ich empfand einen so großen Gegensatz zwischen uns. Ich hörte, dass sie von mir geäußert hatte, sie möge mich gut leiden. Ich hatte viel eher damit gerechnet, dass sie mich überhaupt nicht angeschaut hätte in meiner Dicke und Robustheit.

An einem dieser Berlin-Abende lud uns Koehler ein, das Russische Ballett anzusehen – mit dem Tänzer Vaslav Nijinsky. Das wurde ein wunderbares Erlebnis für uns. Wir trafen dort auch Heckel und Sidi und freuten uns darüber. Mit ihnen verbanden uns bald freundschaftliche Beziehungen. Wir besuchten sie immer, wenn wir nach Berlin kamen.

Ganz beglückt war Franz von dem vielen Material, das er bei den »Brücke«-Leuten fand. Er nahm ein gewaltiges Paket ihrer Arbeiten mit nach München und ließ sich noch welche schicken. Kandinsky war nicht voll begeistert von den Sachen. Trotzdem hatte sich ein zusätzlicher Kreis aufgetan, der zwar einen anderen Weg verfolgte, aber anregend war und sehr ernsthaft in den kunsttheoretischen Bestrebungen. So gab es wiederum Neues nach den verschiedensten Richtungen hin. Und doch war weiterhin alles noch im Werden. Die Ideen, die uns bewegten, konnten damals nicht bis zur letzten Konsequenz durchdacht werden. Heute kann man die Entwicklung ganz anders übersehen und einschätzen und dabei staunen, wie viele von den Vorstellungen doch schon reif waren, wenn man auch oftmals danebengriff und manchem einen Wert zumaß, den man später als Unwert erkannte.

Die Wirkung der neuen Bewegung wurde nach außen immer stärker. Auch in München entstand eine Galerie, die sich ausschließlich diesen Bildern zur Verfügung stellen wollte. Der Buchhändler Hans Goltz eröffnete bald am Odeonsplatz einen Raum für Ausstellungen, der schließlich nicht genügte, sodass er danach eine ganze Reihe von Räumen im Hause des Cafés Luitpold mietete.

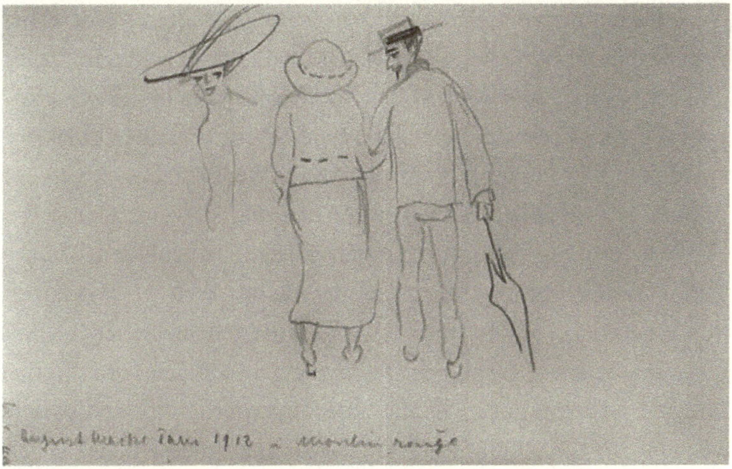

August Macke: *Franz Marc und Maria Franck promenierend.*
Handschriftlicher Vermerk »Paris 1912 à Moulin rouge«

Franz setzte alles daran, um jene große Ausstellung bei Goltz zu bereichern, die als zweite Ausstellung des »Blauen Reiters« [vom 12. Februar bis zum 18. März 1912] bezeichnet wurde. Goltz wollte Zeichnungen, Aquarelle und Graphiken zeigen. Es kam eine reiche Fülle zusammen. Die Bilder der »Brücke« bildeten ja nur einen Teil des Ganzen. Goltz bemühte sich am Anfang sehr und äußerte eines Tages die Absicht, persönlich nach Paris zu fahren, um selbst Kontakt mit Künstlern und Kunsthändlern dort zu suchen. Er forderte Franz auf, ihn als sein Gast zu begleiten, was dieser unter der Bedingung annahm, dass er mich mitnehmen dürfe. Goltz willigte gerne ein. Wir fuhren einige Tage vor ihm nach Bonn und verabredeten uns in Köln, um [Endc September 1912] gemeinsam in den Pariser Zug zu steigen. Wir hatten nämlich die Absicht, den August Macke zu überreden, mit uns zu kommen, was unschwer gelang. Leider durfte Lisbeth [schwanger mit ihrem zweiten Kind] nicht ebenfalls reisen. Es war eine unbeschreibliche Freude für mich, nun mit Franz und August, die die Stadt so gut kannten, Paris kennenzulernen. Wir trafen Goltz pünktlich am Zug, den wir in Köln bestiegen. In Paris angekommen, bezogen wir ein anderes Hotel, ein kleineres, als Goltz.

Gleich am ersten Tag begannen die interessanten Besuche bei Künstlern und Kunsthändlern. Man sah allerhand Neues und zum Teil sehr Gutes. Am zweiten Tag kam Goltz ganz bestürzt zu uns und teilte uns mit, dass er eiligst nach München zurückberufen worden sei. Er käme aber wieder, wir sollten auf ihn warten. So blieben wir glücklich zunächst allein in Paris, konnten unseren eigenen Neigungen folgen und haben das sehr genossen. Unsere Laune und Stimmung war so schön wie das Wetter – wir zogen von einem zum anderen, und ich bekam mehr zu sehen, als ich fassen konnte. Alles wollte Franz mir zeigen, was ihn selber freute. Die Zeit reichte ja gar nicht aus. Alles begeisterte mich restlos; alle Museen, die Kunsthandlungen und Privatsammlungen, das Leben auf den Straßen, die Menschen, die großen Kaufhäuser besah ich mit Neugier und mit Freude. Nur eines wollte mir nicht behagen. Das war die Vorliebe von Franz und August für einfache Lokale, die sie deshalb bevorzugten, weil sie die Leckereien und Delikatessen viel billiger dort bekamen als in den großen feinen Restaurants. August wollte immer Hummer essen. Mir waren die einfachen Lokale zu wenig sauber. Man saß auf der Straße in Staub und Gewimmel. So habe ich eines Tage gestreikt und erklärt, ich wolle wieder einmal in einem schönen Restaurant zu Mittag essen. Das wurde mir gewährt. Auf Anraten von Franz sollten wir Cidre trinken, zur Erinnerung an seine Reise in die Bretagne, und er bestellte eine Flasche. Er schwärmte uns vor, wie wunderbar es schmecken würde. Der Kellner brachte die Flasche, und Franz schenkte formvollendet ein. Er konnte das so schön machen, wie es ja beim Essen die Etikette verlangte. Wir stießen feierlich an und kosteten ganz begierig – verzogen aber sofort das Gesicht und schauten uns befremdet an. August und ich waren sehr misstrauisch, aber Franz behielt seine Ruhe und erklärte, der Wein wäre etwas »stark«. Wir probierten nochmals, es wurde aber nicht besser. August behauptete, es wäre überhaupt kein Wein, wir würden vergiftet. Franz blieb standhaft bei seiner Behauptung, der Wein wäre nicht sauer, sondern »stark«. Nun wurde August ärgerlich und ich auch – mir tat bereits der Magen vom Probieren weh. Wir bestanden darauf, dass Franz den Kellner riefe, der nahm, enttäuscht und beleidigt, die Flasche mit sich. Er kehrte aber kleinlaut zurück und erklärte: »Entschuldigen Sie, in der Flasche war – Essig!« August verlangte eine Flasche guten Rotwein, die wir bald ausgetrunken hatten, um unsere Mägen wieder einzurenken. Zum Schluss lachten wir uns gegenseitig aus – Franz mit seinem als so besonders stark gepriesenen Cidre und mich um meines Verlangens nach einem feinen Restaurant willen. Nach diesem denkwürdigen Mittagessen gingen wir zu dem Galeristen Ambroise Vollard, der uns eine große Anzahl der schönsten Degas zeigte. Nicht nur in seinem kleinen unscheinbaren Laden, sondern auch in seiner Privatsammlung. Was wir außerdem sahen, war interessant und eigenartig für mich, vor allem die Bilder von Cézanne und Matisse. Aber eine Quelle unerschöpflichen Vergnügens waren die Varietés und Cabarets, wo die Kokotten verkehrten, schon wegen des Gegensatzes zu uns. Wir sahen so unpariserisch wie nur möglich aus, vor allem ich. Mit Vorliebe trug ich ein Kostüm von mittelblauer Farbe. Dazu eine Bluse, bläulich rotes, sehr farbiges Tuch, die vorn zwei sehr schöne gestickte, chinesisch wirkende Streifen hatte. Ich trug sie über dem Rock und statt des Gürtels eine silberne Kette, die durch eine Art von Knopflöchern durchgezogen war. Mein Hut hatte eine große runde Glockenform, er war von grauem Stroh, das auf der etwas aufgeklappten Unterseite blaugrau war. An sich ganz hübsche und gute Kleidungsstücke, aber – Schwabing! Schwabing in Paris, das war eigentlich unmöglich. Aber uns war das ganz gleichgültig, wenn wir auch ein wenig Aufsehen erregten. August hat uns gezeichnet, karikiert, den Franz mit einem Strohhut auf dem Kopf, einen Schirm in der Hand, und neben uns der Kopf einer Kokotte mit einem riesigen Pariser Hut. Der Gegensatz war sehr komisch, aber im Grunde war der Aufzug der Kokotte nicht weniger grotesk als der unsere, nur gehörte er in das Milieu, in dem wir uns befanden. August grinste direkt vor Vergnügen von einem Ohr zum anderen.

Das Herumziehen machte uns natürlich sehr müde, zumal wir auch keine Ruhe zum Schlafen fanden. Wir wohnten an einer

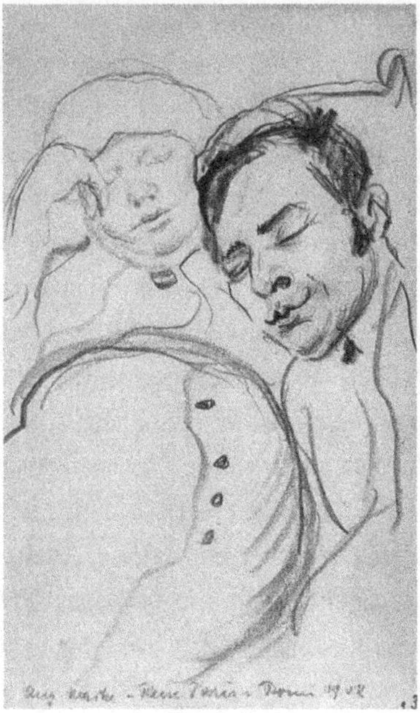

August Macke: *Franz Marc und Maria Franck schlafend im Zugabteilung von Paris nach Bonn*, 1912

schmalen Durchgangsstraße, durch welche die ganze Nacht lang Autos und schwere Autobusse rasten. Wir waren jedoch an die Stille in unserem kleinen Sindelsdorf gewöhnt. So gingen wir mitunter etwas müde durch die Straßen, was die aufmerksamen, schlauen Droschkenkutscher sehr bald bemerkten. Sie fuhren mit ihren niedrigen Wagen direkt an den Bürgersteig heran, und gewöhnlich schwang sich der gute August gleich seitwärts hinein in das Gefährt, und wir folgten nur zu gern. Es kostete gar keine Anstrengung – ein Tritt und ein kleiner Schwung, und schon saß man bequem in der Droschke drin. Alle guten Vorsätze, diesmal zu laufen, hielten der Verlockung nicht stand.

Auch Paul Klee war an der zweiten »Blauer-Reiter«-Ausstellung bei Goltz beteiligt gewesen. Wir hatten ihn bis dahin nur flüchtig gekannt. Er lebte damals still und zurückgezogen in der Ainmillerstraße in München. Nachdem Franz ihn und seine Arbeiten kennengelernt hatte, zog es ihn immer mehr mit seiner ganzen Sympathie zu Klee, und es entwickelte sich mit der Zeit eine schöne und Franz beglückende Freundschaft. Wie wohl fühlte Franz sich in seiner Gegenwart. Mussten wir nach München fahren, wurde ein Besuch bei den Klees nie versäumt. Am liebsten meldete sich Franz zum Mittagessen an – eine kleine Beisteuer mitbringend. Paul Klee verstand es, ausgezeichnet zu kochen in einer Art, die Franz mehr liebte als andere Küchen. Klees Ehefrau Lily war Pianistin. Damit ihr Mann ganz ungehindert seinen Weg als Maler gehen konnte, übte sie den Beruf einer Klavierlehrerin aus, mit dem sie den Lebensunterhalt für ihre Familie verdiente. Mit wahrem Verständnis schätzte Franz die Arbeiten des Kollegen richtig ein. Wir besuchten uns oftmals gegenseitig. Die Klees musizierten viel; auch dies wurde zu einer Bereicherung für unser Leben. Besonderen Spaß hatten wir an ihrem kleinen Sohn – dem Felix. Auch für mich brachte der Verkehr mit den Freunden noch einen besonderen Reiz. Wenn ich allein in München war, auch, um Klavierstunden bei Lily Klee zu nehmen, konnte ich bei ihnen übernachten. Sie hatten einen kleinen Raum mit einem Bett, in dem ich schlafen konnte, und sie nahmen mich immer sehr gastfreundlich auf. Ich fand es wunderbar, dort zu schlafen, denn die Wand, an der das Bett stand, hing voller Arbeiten, auch solchen aus früher Zeit von Paul Klee, an denen ich viel Freude und Anregung hatte. Unvergesslich schöne Erinnerungen knüpfen sich an diese Besuche.

Bei einer unserer winterlichen Reisen nach Berlin begegneten wir im Januar 1913 Else Lasker-Schüler persönlich. Ihre Gedichte waren uns schon vertraut durch Herwarth Waldens Zeitschrift »Sturm«, wo in jeder Nummer ihre Lyrik veröffentlicht gewesen war. Wir hatten großen Gefallen daran und wollten gern mit der Dichterin zusammenkommen. Franz zeichnete zunächst ein Blatt im Format einer Postkarte, die er ihr, ohne sie zu kennen, schickte. Es war, soviel ich erinnere, die erste dieser Karten und stellte dar: ein Pferd und daneben stehend einen Reiter. Er schrieb dazu: »Der blaue Reiter präsentiert Eurer Hoheit sein blaues Pferd. Gruß von m. Gemahl. Euer Fz.M.« Außer dieser kleinen Huldigung stand nichts auf der Karte. Die Antwort darauf klang nicht erfreut – eher ein wenig beleidigt. Else Lasker-Schüler wusste nicht, was sie daraus machen sollte. Der Name Franz Marc war ihr natürlich bekannt durch die Verbindung mit Herwarth Walden. Sie selbst war mit Walden verheiratet gewesen und erst seit kurzem von ihm geschieden, und sie hat wohl gemeint, dass Franz Marc sich eine Annäherung erlauben wollte und es als eine Art Ulk gemeint hatte.

Aber nach einigen klärenden Zeilen fasste sie Vertrauen zu ihm. Es begann langsam ein Hin und Her von Kartengrüßen mit den schönen reizvollen Postkarten, die ganz eingestellt waren auf ihre Phantasie. Als wir dann nach Berlin kamen, war wohl beiderseits die Neugierde gleich groß, sich von Angesicht zu Angesicht zu begegnen.

Wir getrauten uns anfangs nicht, den Besuch gleich zu machen und sahen Lasker-Schüler zum ersten Mal, als wir – ich glaube nach einem Vortragsabend von Alfred Mombert* – mit Walden und seiner zukünftigen Frau Nell Roslund im Café Josty am Potsdamer Platz saßen. Lasker-Schüler war Walden und Nell damals sehr feindlich gesonnen. Sie saß mit ihren Bekannten an einem anderen Tisch. Man schaute und blinzelte von einem Tisch zum anderen, ohne sich bekannt machen zu können.

Soviel ich mich erinnere, hatte Franz es ihr sehr angetan. Ihr Zutrauen mochte wohl erwachen. Unser erstes wirkliches Zusammentreffen verlief dann auch erfreulich. Sie war damals in keiner guten seelischen Verfassung. Aber der Besuch wurde sehr amüsant, wir hatten jedoch den Eindruck, dass sie sich schwertat und irgendwie in Bedrängnis lebte. Darum überredeten wir sie, mit uns nach Sindelsdorf zu kommen, in dem Wunsch, ihr ein wenig Ruhe und Erholung zu geben.

Aber weder als Gast in unserem Hause noch in einem hübschen Wirtshauszimmer mit weiter Aussicht über das Moos bis zu

* Autor mystisch-visionärer Schriften.

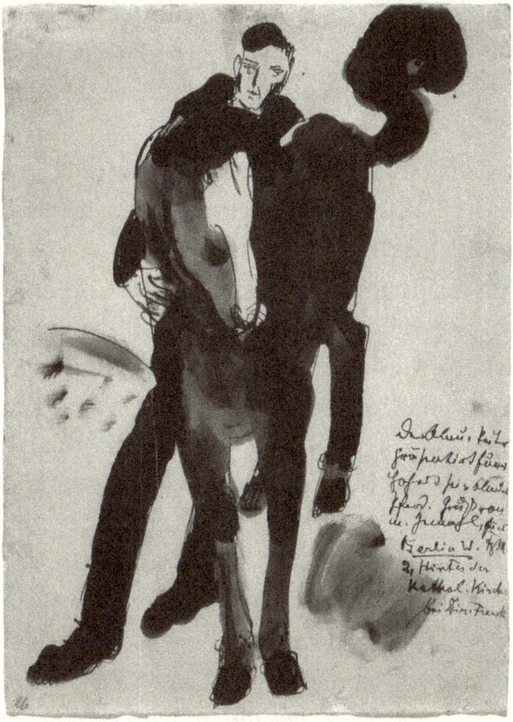

Franz Marc: Postkarte *Der Blaue Reiter und sein Pferd*, adressiert an Else Lasker-Schüler, Dezember 1912

den Bergen, das wir für sie in Sindelsdorf gefunden hatten, fühlte sie sich wohl. Wir fanden diese Weite herrlich und hatten uns gedacht, dass auch Else Lasker-Schüler es als Wohltat empfinden müsste nach ihrem Großstadtleben. Aber wir täuschten uns. Es kam eine noch größere Unruhe über die arme Seele – sie fühlte sich verloren in der Weite und flüchtete sich nach München in eine enge Pension.

Als wir sie dort besuchten, fanden wir sie in ihrem Zimmer an einem Tisch voller Zinnsoldaten, mit denen sie heftige Kämpfe ausfocht, an Stelle der Kämpfe, die ihr das Leben brachte – die Arme, Gute, die nicht fertig wurde mit ihrem Sein, fast ständig in Kämpfen mit Menschen, die kein Verständnis für das Eigenartige, Phantastische ihres Wesens und ihrer dichterischen Begabung aufzubringen vermochten. Es war mitunter auch nicht leicht, ihr die Liebe entgegenzubringen, die sie erwartete und dann oftmals verkannte. Aber Franz Marc und seine »Mareia« waren bemüht, ihr immer Liebe und Verehrung darzubringen.

Das Weihnachtsfest 1912 hatten wir wieder bei meinen Eltern verbracht. Bald nach den Festtagen kam ein Zusammenbruch meines Vaters, der seine Gesundheit so sehr erschütterte, dass er im Frühjahr 1913 mit meiner Mutter für einige Zeit in ein Sanatorium in Meran fuhr. In der Osterzeit luden meine Eltern uns ein, sie dort zu besuchen. Es wurden angenehme Wochen für uns, sie haben Franz unendlich viel gegeben, denn Tirol übte einen ganz besonderen Zauber auf ihn aus. Er hat viel gezeichnet und war erfüllt von Plänen für seine Malerei. Wir machten eine schöne Wanderung von einer Woche durch den Vinschgau, der Anregung für seine Tiroler Bilder war. Nach der Rückkehr nach Sindelsdorf entstanden die Gemälde »Das arme Land Tirol« und »Tirol«. Es wurde für ihn eine besonders reiche Arbeitszeit – neben den Tiroler Bildern malte er an »Turm der Blauen Pferde«, »Die ersten Tiere« und »Die Wölfe« – alles mit großer Leidenschaft und mit Glück.

Der Sommer 1913 brachte uns noch eine Reise nach Ostpreußen auf das Gut meines verheirateten Bruders, das in der Nähe von Insterburg lag. Meine Eltern verbrachten dort auch einige Zeit, weil sich das Leiden meines Vaters nicht bessern wollte.

Franz war an der für ihn fremden Gegend sehr interessiert. Er empfand sie als sehr »russisch«, wohl als Gegensatz zu seinem Oberbayern. Er und ich machten noch einen besonderen Ausflug nach Königsberg, besuchten dort Freunde, Professor Karl Storch und seine Frau, und fuhren mit ihnen auf die Kurische Nehrung, die uns sehr begeisterte.* Dort hatten die Häuser und vieles sonst

* Karl Storch war Marias Mal- und Zeichenlehrer in ihrer und seiner Berliner Zeit. Das Ehepaar Storch besaß auf der Kurischen Nehrung ein Ferienhaus.

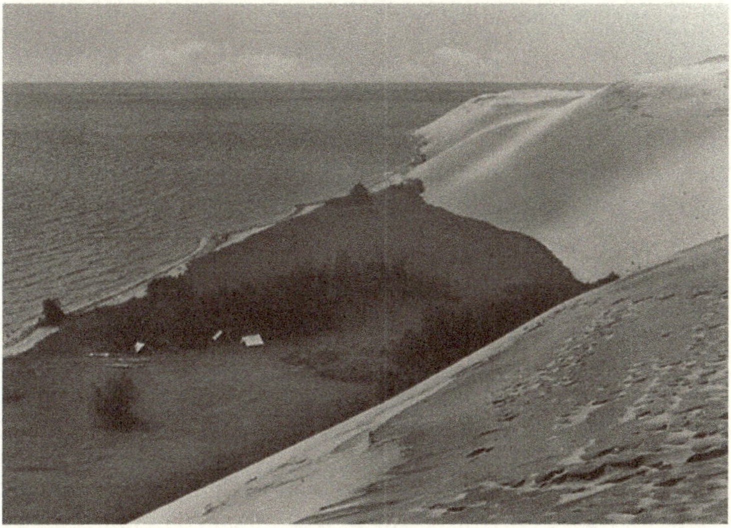

Historische Bildpostkarte Kurische Nehrung

wirklich schon mehr russischen Charakter. Die Wanderung auf der Höhe der Dünen von Nidden nach Rossitten mit dem Blick auf einer Seite auf das Meer, auf der anderen Seite auf das Haff, war prächtig und sehr eigenartig und ist mir in schönster Erinnerung geblieben. Auch Danzig sahen wir uns an, die schöne, alte Stadt mit ihren wunderbaren Kirchen und Häusern. Das war ein schöner Abschluss dieser Reise in die alte Heimat meiner Mutter. Für Franz war dies auch ein Erlebnis, das ihn bereicherte. Das Leben auf einem ostpreußischen Gut war ja genauso neu für ihn gewesen, und wir trennten uns gar nicht leicht. Leider mussten wir den Aufenthalt in Ostpreußen abkürzen, weil Franz in Berlin erwartet wurde. Herwarth Walden stellte einen Herbstsalon zusammen und wollte ihn dabeihaben.

Berlin brachte dann die üblichen Vorbereitungen, die mit einer so großen Ausstellung verbunden waren. Die Ausstellung wurde nach unserer Meinung sehr außergewöhnlich. Leider war ihre Lage zu abseitig für Berlin, was den Erfolg und Besuch sehr beeinträchtigte. Franz wurde aufs Neue durch die Begegnung mit den Bildern ausländischer Künstler sehr angeregt. Er selbst hatte die Ausstellung beschickt mit Gemälden wie »Turm der Blauen Pferde«, »Die ersten Tiere«, »Das arme Land Tirol«, »Die Wölfe«. Aber in sich trug er bereits ganz andere Pläne.

Der Winter 1913/14 in Sindelsdorf begann wie jeder Winter dort, still und doch sehr regsam. Wir konnten nicht ahnen, dass es der letzte Winter unter den gewohnten Verhältnissen sein würde. Franz arbeitete fieberhaft und ununterbrochen von früh bis spät. Tagsüber an seinen Bildern – jetzt größtenteils abstrakten Bildern wie »Die heiteren Formen«, »Spielende Formen«, »Kämpfende Formen« und »Zerbrochene Formen«. Abends saß er wie gewöhnlich an den Holzschnitten.

Im Dezember rief uns meine Mutter nach Berlin, mein Vater starb, und alles, was in Berlin in lebendigem Zusammenhang gestanden hatte, ging nun zu Ende. Mein Vaterhaus war nicht mehr, und wir beide kamen trauernd nach Sindelsdorf zurück. Auch Franz hatte sich bei meinen Eltern sehr wohl gefühlt. Er nahm nach dieser Unterbrechung seine Arbeit mit doppelter Kraft wieder auf.

Es war ein kalter Winter mit viel Schnee, aber auch viel Sonne, und er sollte uns eine ganz besondere Bereicherung bringen. Es fiel ein Erbteil nach dem Tod meines Vaters an mich, welches endlich den Anstoß gab zur Erfüllung eines lang gehegten Wunsches. Es lag uns doch sehr daran, unsere Lebenshaltung auf eine andere Basis zu stellen und Raum für Franz und seine Arbeit zu gewinnen. Sindelsdorf begann in jeder Beziehung für uns zu eng zu werden. Wir bekamen öfters Besuch, und das brachte Ansprüche mit sich. In dem kleinen Dorf war nur das Allernötigste an Lebensmitteln zu haben, und es wurde immer schwieriger, eine Hausgehilfin zu finden. Es zog uns auch mehr in Richtung Berge.

Unser Traum: Einmal in den Besitz eines Bauernhauses zu kommen, das wir dann ausbauen wollten – eine Tenne als Atelier. Wir stellten uns auch oft vor, wie schön es sein würde, wenn wir das Pasinger Haus, das der Familie Marc gehörte, in unsere Gegend versetzen könnten. Franz' Mutter wohnte damals nicht mehr darin, weil es zu groß und zu teuer für sie allein war. Paul und Helene hatten es auch nicht haben wollen. So war es vermietet worden.

An einem schönen Wintertag machten wir uns dann auf den Weg auf die andere Seite des Moores, um einmal Ausschau zu halten. Meine liebe Mutter hatte uns das Geld bereits gegeben, und so zogen wir aus, um erst einmal nach einer Wiese zu suchen, die wir kaufen konnten. Unsere Umschau fing in Benediktbeuern an – wir hatten dort eine bestimmte Gegend im Auge. Dann sahen wir aber ein, dass wir nur irgendeine vage Vorstellung gehabt hatten. Alles sah anders aus, und vor allem gefielen uns die Häuser nicht, die in der Nähe standen. Es war für den Anfang so gedacht, dass wir bei einem Bauern wohnen wollten unweit des auf einer eigenen Wiese zu erbauenden Ateliers. Wir suchten – es war sehr kalt, und es lag hoher Schnee – weiter oben am Rande der Berge nach etwas Geeignetem, kehrten aber schließlich müde und erfroren in eine kleine Bauernwirtschaft ein, um Kaffee zu trinken, uns aufzuwärmen und zu fragen, wo etwas zu verkaufen wäre. Die Wirtschaft heißt heute »Zur Friedenseiche«, ob sie damals auch schon diesen schönen Namen hatte, habe ich leider vergessen. Die Leute schauten uns erstaunt an. Wir kamen zu dritt, Franz und ich mit Campendonk. Die ganze Wirtsstube war voll mit Bauern; man geleitete uns ins Nebenzimmer und bediente uns wie ich weiß nicht was für hohe Gäste. Aber auf unsere Fragen hat man nicht viel geantwortet. Es war also auch diesmal nichts herausgekommen bei unserem Ausflug.

Wir machten nach einiger Zeit einen neuen Versuch, und zwar wollten wir uns nun in Kochel umsehen. Franz bekam Lust, zwei Haltestellen vorher auszusteigen – in Ried –, um erst einmal dort zu schauen. Wir sahen am Walde eine stattliche Villa und schielten hinüber – uns fragend, wem sie wohl gehören möge. Diesmal gingen wir gleich ins Wirtshaus, und Franz fragte ein bisschen herum, als plötzlich der Wirt meinte: »Warum wollen's denn nit das Haus von der Frau Major Rust anschauen – die will verkaufen.« Das war die Villa am Walde, die wir von der Bahn aus und im Vorbeigehen gesehen hatten, sehr gepflegt und in ausgezeichnetem Zustand. »Ja«, meinte der Franz, »solch ein Haus wird uns wohl zu teuer sein – was verlangt sie wohl?« Der Wirt nannte dann einen Preis, der unsere Verhältnisse weit überstieg. So beschlossen wir denn doch weiter nach Kochel zu fahren. Es war noch früh am Tage, und wir konnten am Rückweg immer wieder aussteigen und uns das Haus genauer beschauen. Als wir am Bahnsteig – Ried ist eine kleine Haltestelle – auf den Zug warteten, sagte Franz plötzlich: »Ich werde der Dame vorschlagen, das Haus mit unserem Haus in Pasing zu tauschen.« In Kochel gab es gar nichts – ein Haus, das wir im Auge gehabt hatten, war gerade verkauft worden. Also kehrten wir um und stiegen wieder in Ried aus. Es schien aber schier unmöglich, an das schöne große Haus heranzukommen, ringsum lag meterhoher Schnee: nirgends ein Weg geschaufelt. So stapften wir hindurch – eine mühselige Sache – und kamen dann schließlich näher. Ein armer, kranker, junger Mensch mit einem sich wie irrsinnig gebärdenden Hund kam durch den Garten an den Zaun – und ließ uns dann ein. Wir hatten den falschen Weg erwischt, es gab zwei, und der andere war besser, er führte durch den Wald zur anderen Seite des Hauses.

Wir erfuhren dann, dass die Besitzerin Frau Major Rust mit ihrem Sohn das Haus allein bewohnte. Sie lebten nur in zwei Zimmern unten – alles andere war abgeschlossen – und waren ziemlich hilflos. Die Mutter litt an Ischias, und der Sohn war sehr leidend und geistig zurückgeblieben. Es war erstaunlich, dass sie es so lange dort ausgehalten hatten. Nun wollte die Familie, dass sie das Haus verkauften. Wir besahen es uns und waren sehr angetan davon. Plötzlich sagte Franz ganz unvermittelt – es war oben im 1. Stock in der Glasveranda, und ich sehe ihn heute noch dort stehen –: »Frau Major, wollen Sie nicht Ihr Haus mit dem unseren in Pasing tauschen?« Ich war baff, wurde über und über rot. Campendonk platzte beinahe heraus – wir drehten uns beide um, damit wir einander nicht ansahen –, und die Frau Major antwortete: »Ja, das ginge vielleicht, wir wollten ja nach Pasing ziehen.« Ich konnte kaum atmen, noch weniger denken, dass diese Möglich-

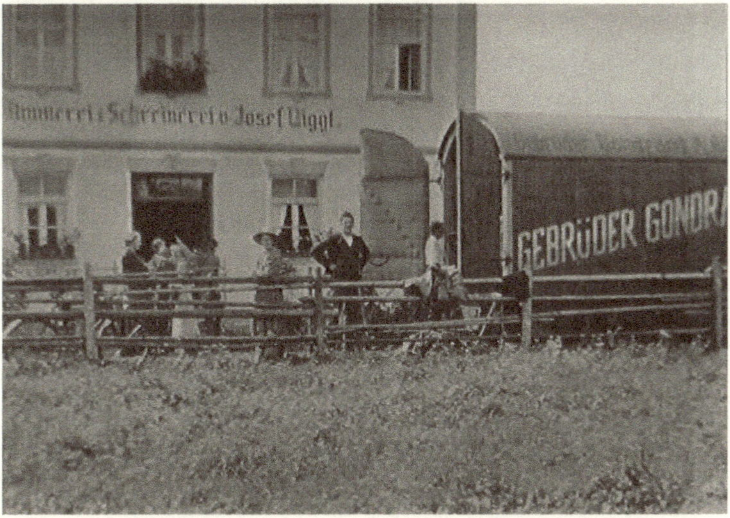


Umzug von Sindelsdorf nach Ried, ganz links Maria Marc,
ganz rechts am Möbelwagen Franz Marc

keit nicht ausgeschlossen sein sollte; es wäre doch ein ganz ungewöhnlicher Zufall gewesen. Wir hatten so oft davon gesprochen, dass es schade sei um das Pasinger Haus. Weil es so in der Nähe der Stadt lag, hatten wir ja oft gewünscht, es hinaus aufs Land versetzen zu können. Und nun lag das plötzlich – wenn auch in anderer Form – als Möglichkeit vor uns. Und schließlich ergab sich alles – nach Rücksprache mit den Familien – ganz natürlich. Der Wert der Häuser war der gleiche, und jedem war geholfen. So wurden also tatsächlich die Häuser getauscht. Franz kaufte noch ein Wiesenland daneben, um das Ganze zu vergrößern, und plötzlich – wirklich über Nacht beinahe – gingen wir über eigenen Grund und Boden.

Es sollte ein neues Leben beginnen mit dem Frühjahr.

Zunächst galt es, Sindelsdorf zu beenden. Es war uns einesteils leicht, obwohl wir eine so besondere Zeit dort verlebt hatten. Es war der Anfang und Aufschwung gewesen zu der großen Schaffensperiode, die bald – ohne, dass wir es ahnten – auch ihren Abschluss erhielt. Dass wir es nicht ahnten, ist nicht einmal ganz richtig; mich beschlich so oft ein ungekanntes, banges

Gefühl. Ich konnte es mir nicht erklären und sagte Franz nichts davon. Wir wanderten oftmals in den Winter- und Frühlingsmonaten hinüber nach Ried, zu Fuß durch das schöne Moor, um zu schauen, zu überlegen, Handwerker zu bestellen etc. Manchmal war Raureif auf den großen Bäumen am Wege. Ich spüre noch die frische Kälte und empfinde das leise Tropfen des sich auflösenden Reifes beim Durchbruch der Sonne, wenn dann der Weg ein wenig feucht und die Wärme der Sonne angenehm spürbar wurde.

Der Umzug kam – nach Tagen, ja Wochen der wildesten Unruhe und des Packens. An einem wunderbaren Frühlingsmorgen, es war der 27. April 1914, zogen wir los mit Sack und Pack in unser eigenes Haus in Ried. Dieser Umzug gestaltete sich sehr romantisch und originell. Wir hatten einen ganz großen Möbelwagen bestellt für alle unsere Möbel, die er gar nicht fasste. Der ganze Möbelwagen wurde übervoll, sodass er einen Anbau [Anhänger] erhalten musste, der halb so lang war wie der Wagen selbst. Und auch außen bot der hochbepackte Anbau, auf dem noch Möbel ins Freie hinausragten, einen phantastischen Anblick. Wir waren über das herrliche Wetter doppelt froh. Auf einem weiteren, flachen Wagen fuhren die Malgeräte und vor allem die Kisten mit unseren Rehen nach Ried. Am Morgen hatte es eine große Aufregung in Sindelsdorf gegeben, um die Tierchen einzufangen, namentlich bei dem Bock schien es unmöglich. Mit Hilfe von Niestlé gelang es dann schließlich doch. Wir gingen den ganzen Weg – 1 ½ Stunden – neben unseren Sachen dahin, vor allem um der Rehe willen. Franz sprach viel mit ihnen und brachte ihnen ab und zu Zweige, die sie gerne hatten. Es war doch etwas ganz Rührendes dabei, wie wir da auf der Landstraße wanderten mit Russi und den Rehen, die Franz immer streichelte, liebkoste und tröstete. In Ried war alles bereit für ihren Einzug – die ganze neu gekaufte Wiese sollte ihr Platz sein. Es waren Tännchen und Kiefernbäumchen gepflanzt und ein sehr netter kleiner Stall gebaut, den Franz mit ein paar primitiven farbigen Ornamenten bemalte. Es war so schön, wie sie aus der Kiste heraussprangen und auf der

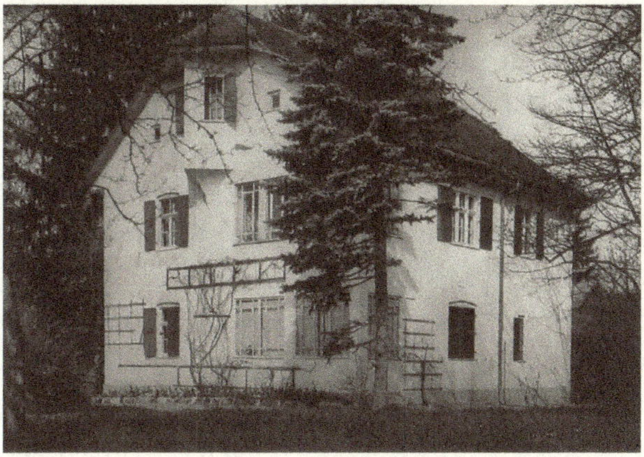

Die »Marc-Villa« in Ried

großen Wiese herumliefen. Franz war stolz auf den wirklich großen Platz für seine Rehe – das Böckchen und eine Ricke.

Auf zwei Seiten war der Wald. Wir zogen nun hinein in das Haus, das sehr schön hergerichtet war. Die Zimmer neu gestrichen, ein Bad eingerichtet, und wir waren froh und vergnügt – aber mich verließ das bange Gefühl nie ganz. Und dazu rief jeden Abend und jede Nacht dicht bei unserem Haus ein Käuzchen – es war kaum zu ertragen, andauernd diesen kläglichen Ton zu hören.

Aber, man war nun im eigenen Haus, und es gab genug zu tun. Franz musste seine eigentliche Arbeit im Stich lassen – er war gerade sehr mit seinen abstrakten Bildern beschäftigt und musste plötzlich Pinsel und Farben aus der Hand legen. Auch der Garten musste ja bestellt werden. Das sollte bald beginnen; eine Allee mit kleinen jungen Birken wurde angepflanzt, die auf das Haus hin führte. Am ersten Sonntag – ein paar Tage nach dem Einzug – bekamen wir Besuch von Franz' Mutter, Paul und Helene, die eine große Portion Spargel mitbrachten. Das erste Sonntagmittagessen war ein richtiges Festessen. Sie waren von allem sehr angetan. Wir hatten auch viel geschafft, sodass es recht gemütlich war und sich alle hoch befriedigt zeigten. Franz ging mit einem überglücklichen Gesicht herum und freute sich über alles, hing Bilder auf und stellte sich schon in Gedanken vor, wie wir mit unseren

Freunden – Kandinskys, Mackes, Niestlés, Campendonks, Klees – in unserem Wohnzimmer zusammensitzen und reden würden. Die erste Zeit war ungetrübt – im Mai kam meine Mutter für ein paar Wochen zu Besuch und freute sich auch mit uns.

Franz hatte sich oben im Hause ein kleines ruhiges, nach Norden gelegenes Arbeitszimmer, von dem er die Rehe und den Wald sah, eingerichtet – vorerst. Er hatte fest vor, sobald als möglich, im Garten ein Atelierhaus zu bauen mit einer kleinen Wohnung für Hausmeister und Gärtner in einer Person, und zu diesem Zweck noch eine Wiese auf der anderen Seite des Grundstücks gekauft. Oft kam er mit einer Arbeit zu mir – wenn er zum Beispiel Holzschnitte drucken wollte. Das machte er unten in der Veranda am Wohnzimmer, wo gutes Licht war. Das ging so gut, wir waren dann dabei zusammen; ich sah zu, wie er druckte, selbst mit irgendeiner Arbeit beschäftigt. Das sind schöne unvergessliche Stunden geworden und gewesen.

Wir waren ganz am Fuß der Berge – Benediktenwand und Rabenkopf, hinter dessen Spitze gleich die Staffelalm lag, auf der Franz ja schon als Bub viel gewesen war und auch später wochenlang gelebt und gezeichnet hatte. Sobald er, nach unserem Einzug in das Rieder Haus, wusste, dass das Vieh oben war und das Wetter günstig schien, gingen wir hinauf. Der Weg war nun viel näher für uns.

Auch Ende Juni gingen wir auf die Staffelalm hinauf – Franz wollte wieder einmal oben sein. Es war an einem Sonntag, einen Tag vor dem Peter-Paul-Feiertag, und wir dachten, zwei Tage fortzubleiben. Es war herrlich oben, wir stiegen voll befriedigt hinunter, voller Freude auf unser Haus, das uns erwartete. Als wir ankamen, fanden wir ein Billet von Annette, die bei unserem Haus in Ried gewesen war. Sie sprach darin in größter Besorgnis von den Folgen des Mordes in Sarajevo, der geschehen war, von dem wir oben in den stillen, abgeschiedenen Bergen nicht gleich gehört hatten. Es wurde auch uns trübe und bang zumute; Franz übersah die heikle politische Situation, und unsere glückliche Stimmung war von da an getrübt.

An einen sehr netten Besuch muss ich mich noch erinnern – in den letzten Tagen des Juli war es –, da kam Jawlensky mit seinem Sohn* zu uns nach Ried. Andreas, begeistert und sehr lebendig, quälte beim Abschied an der Bahn noch zu bleiben, weil es so wunderbar gewesen sei. Und Franz lud sie herzlich für den nächsten Sonntag ein. Aber Jawlensky sagte, dass an diesem Tage die Werefkin zurückkommen würde aus Russland, wohin sie, nach schweren Kämpfen mit ihm, für ein paar Monate gefahren war. Wir freuten uns sehr, dass sie zurückkommen würde, und sahen ein, dass ein zweiter Besuch so schnell unmöglich war, und schieden in der Hoffnung auf ein späteres Treffen mit der Baronin. Aber es sollte anders kommen.

Franz sah weder Werefkin noch Jawlensky wieder, und meine nächste Begegnung mit ihnen geschah unter sehr traurigen Umständen, als sie nach dem Krieg, aus der neutralen Schweiz kommend, in München waren, um nur die Reste ihrer gestohlenen Habe in ihrer Wohnung wiederzufinden. Damals, in jenen letzten Tagen vor dem Kriege, kamen Kandinsky und Münter noch von Murnau zu uns nach Ried herüber, in schwerer bedrückter Stimmung. Kandinsky war sehr pessimistisch und hatte trübe Ahnungen. Sie haben es wohl beide vorausgesehen – Kandinsky und Franz –, dass auch sie sich nie mehr wiedersehen würden. Wir begleiteten die beiden zurück bis Kochel und warteten am Postauto, bis sie abfuhren. Die Abschiedsstimmung hatte uns alle erfasst.

Den letzten Abend saßen Franz und ich schweigsam in unserem Wohnzimmer – was war auch zu reden? Man wusste nicht, was kommen würde – man fühlte die Trennung vom Leben, das neu hatte beginnen sollen. Es ist mir unmöglich mit Worten auszudrücken, was dann über mich kam – in den Briefen aus dem Felde von Franz an mich ist alles gesagt. Er bat mich, noch einmal auf dem Klavier zu spielen, was ich mit weinendem Herzen tat.

* Mutter des zwölfjährigen Knaben war Helene Nesnakomoff, Marianne von Werefkins aus St. Petersburg nach München mitgebrachte Bedienstete.

Wir wussten, dass es der letzte Abend eines reichen und beglückenden Lebensabschnitts war und dass das, was kam, unausdenkbar und unvorstellbar sein würde. Aber ich konnte mir nun das bange Gefühl erklären, das mich in den letzten Monaten nicht verlassen hatte. Es war die Vorahnung dieser furchtbaren Katastrophe.

Die Kriegserklärung war veröffentlicht. Wir fuhren anderntags zusammen nach München, wo eine große Begeisterung für den Krieg herrschte. Franz musste in die Kaserne einrücken. Er zeigte sich nach einigen Tagen in seiner altmodischen Uniform, die ihn lächerlich verjüngte. Mir war das alles furchtbar schmerzlich – ich konnte nichts, aber auch nichts bejahen und lief herum wie in einem bösen Traum.

Franz blieb noch etwa drei Wochen in München, durfte sogar außerhalb der Kaserne schlafen. Sein Bruder Paul, der in der gleichen Lage war, nahm uns beide in seine Wohnung auf.

Und eines Nachts kam ein Wachtmeister und holte Franz zum Ausrücken in den Krieg. Eine unfassbare Vorstellung. Traurig und entsetzt kehrte ich nach Ried zurück. Franz kam nur zweimal zu kurzem Urlaub [im Juli und November 1915] zurück in sein Haus. Sonst war er draußen im Feld, sein Leben stets gefährdet. Seine Briefe waren das Einzige, was von ihm zu mir nach Ried kam.

Damit ich nicht einsam war in Ried, hatte seine Mutter sich entschlossen, einige Wochen zu mir zu kommen. Es sollte für mich eine Hilfe sein, in Wirklichkeit war es eher eine Belastung. Aber Franz wollte, dass sie blieb. Und es war doch ihre Anwesenheit für mich unerträglich. Man hockte in einem Zimmer zusammen, an der Heizung wurde bereits gespart. Das hielt meine Unruhe nicht aus, schließlich schrieb ich meine Briefe an Franz abends auf dem Bettrand, anstatt zu schlafen, nur um allein zu sein mit meinen Gedanken an ihn und so den Kontakt zu spüren.

Bald kamen Trauerbotschaften zu uns in die Heimat. Nach einigen Wochen hörten wir die Nachricht, dass August Macke gefallen wäre. Und im Dezember erfuhren wir, mein Bruder sei in Ostpreußen an den Folgen einer Verschüttung gestorben. Meine Mutter, die damals in Ried war, und ich fuhren zusammen den

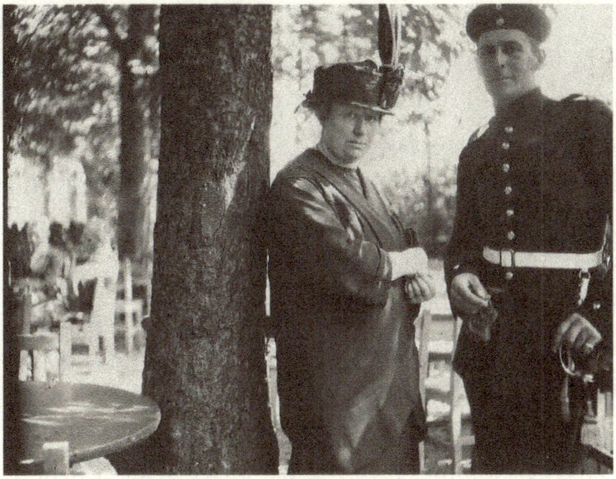

Franz und Maria Marc am Tag vor der Rückkehr des Soldaten an die französische Front, Heimaturlaub 1915

weiten Weg von München nach Königsberg, um an der Beerdigung teilzunehmen. Dort hörten wir, das auch junge Vettern von mir gefallen waren. Überall nur Trauerbotschaften, und draußen tobte der Krieg. Aber in den Städten ging das Leben weiter mit Theater und Konzerten. Es war alles unbegreiflich, als ob nichts geschehen wäre – und an der Front das grausige Spiel. Ich konnte mit dem, was über die Menschen hereinstürzte, nicht fertig werden und steigerte mich in einen sinnlosen Hass hinein. Nach all den Jahren, in denen wir um unser Zusammenleben gekämpft hatten, war nun alles wieder vorbei. Unser Eheleben sollte doch so recht erst beginnen in den eigenen vier Wänden, nun war ich allein in dem verwaisten Haus. Franz' Briefe sollten mich halten und führen, aber ich konnte in den ersten Monaten diese helfende Hand nicht ergreifen.

Meine Mutter ging bald, nachdem wir aus Ostpreußen wieder nach Ried gekommen waren, nach Berlin in ihre Wohnung und in ihren Freundeskreis zurück, den sie natürlich sehr vermisst hatte. War sie doch in Berlin an Geselligkeit und Aussprache mit Verwandten und Bekannten gewöhnt. Das Erleben des Todes meines Bruders und einer Reihe anderer Familienmitglieder, die traurige Reise nach Ostpreußen, der Tod von August Macke, die Sorge um Franz lasteten schwer auf mir. Ich fühlte mich völlig verloren unter den drückenden Verhältnissen und geriet immer wieder in eine neue Verzweiflung.

Im Februar 1915 kam mir dann eine große Hilfe. Heinrich Kaminski* trat in unser Leben. Diese Begegnung war von allergrößtem Einfluss auf mich und brachte meine verzweifelten und verworrenen Gedankengänge in eine andere Richtung. Er kam öfters am Abend zu mir und musizierte, und das allein löste in mir den quälenden Krampf. Die Überlegenheit, aus der heraus er sprach, war so zwingend, dass ich mich dem, was er zu mir sagte, nicht entziehen konnte. Das, was ich durch seine Musik und sein Klavierspiel erfuhr, war aber das Wesentliche, es half mir mehr als alle Worte.

Franz war froh, dass mir durch Kaminski Hilfe zuteilwurde und dass noch dazu ein Musiker in unser Haus kam. Denn er war, obwohl er nie gespielt hatte, sehr empfänglich für Musik und hörte genau und unterschied, was es auf sich hatte, wenn musiziert wurde. Ich berichtete Franz alles, was ich durch Kaminski erfuhr, getreulich. Im Laufe der Zeit erfuhr ich so viel – alles begierig aufnehmend –, dass meine eigenen Empfindungen erst richtig geweckt und mir bewusst wurden. Ein ganz anderer Sinn von Musik, ja Kunst überhaupt, ging mir auf. Und das weckte meine ganze Empfänglichkeit allen inneren Erlebens, das mit der Zeit mein ganzes Denken, alle Einstellung zu Kunst, Religion und dem Leben völlig umgewandelt wurde. Für mich war das, was ich nun erfahren konnte, der Anfang zu einer neuen geistigen Haltung – zu einem erweiterten Lebensgefühl.

Und als Franz nach ein paar Monaten in Urlaub kam, war auch er zunächst bereit, Neues zu erfahren. Er musste Kaminski jedoch oftmals widersprechen – aufgrund seines Wesens und sei-

* Der damals noch unbekannte und weitgehend mittellose Komponist, Tolstoi-Anhänger und Pazifist Heinrich Kaminski (1886–1946) hatte jüngst in Ried ein Zimmer bezogen.

ner Erfahrungen mit Recht. Bei den kurzen Begegnungen im zweiten Urlaub von Franz kamen sie sich nicht näher, was später aus den Beziehungen geworden wäre, weiß ich nicht zu sagen.

Die innere Entwicklung von Franz ging so folgerichtig vor sich, dass jeder Einwand daneben fiel. Er ist genau den Weg gegangen, der ihm entsprach, den er geführt wurde, wie seine Briefe es erkennen lassen.

In Bezug auf den Einfluss von Kaminski auf mich, kann ich nur sagen, dass ich nicht dankbar genug sein kann für das, was ich durch ihn empfangen habe. Aber das Wunderbarste war die Musik. Mein großes Bedauern ist immer gewesen, dass Franz daran nicht teilhaben konnte. Für ihn kamen andere Geschehnisse im Kriege in Frage, die ihn zur Reife führten. In unserem Rieder Haus bildete sich eine andere Atmosphäre, und sie war geistig dem ebenbürtig, was auch Franz für sein Heim gewünscht hätte.

Als dann [am 4. März 1916] der tragische Tod von Franz eintrat, war mir durch Kaminski doch ein kleiner Halt gegeben.

Ich erfuhr von seinem Tod, als ich zu einem Besuch bei Lisbeth Macke und ihren beiden Buben in Bonn war. Es hatte mich in ihre Nähe gezogen; ihr schweres Schicksal erregte mein ganzes Mitgefühl, und als ich sie dann wiedersah mit ihren beiden lebensstarken Buben, denen sie gar nicht gewachsen war, verfiel ich doch wieder in eine starke Depression. Ich fühlte die Lücke von August und dadurch von Franz und ahnte bereits, dass wir auch ihn verlieren würden. Als die Botschaft kam, musste ich gleich nach Ried zurückreisen. Da ich allein dazu gar nicht imstande war, baten wir Paul Klee, dass er mir wenigstens bis Frankfurt entgegenkommen möchte. In Frankfurt lebte eine liebe Jugendfreundin von mir, die mich liebevoll aufnahm. Von dort fuhr ich mit Klee nach München und dann nach Ried in Begleitung von Niestlé.

Als ich in mein leeres Haus hineinkam, waren auch alle Tiere tot, die mir in den letzten Jahren Gefährten gewesen waren – Russi und die Rehe. Ich musste einen Weg suchen und finden, der zur Gestaltung meines Lebens führen sollte. Wohl gab es Arbeit

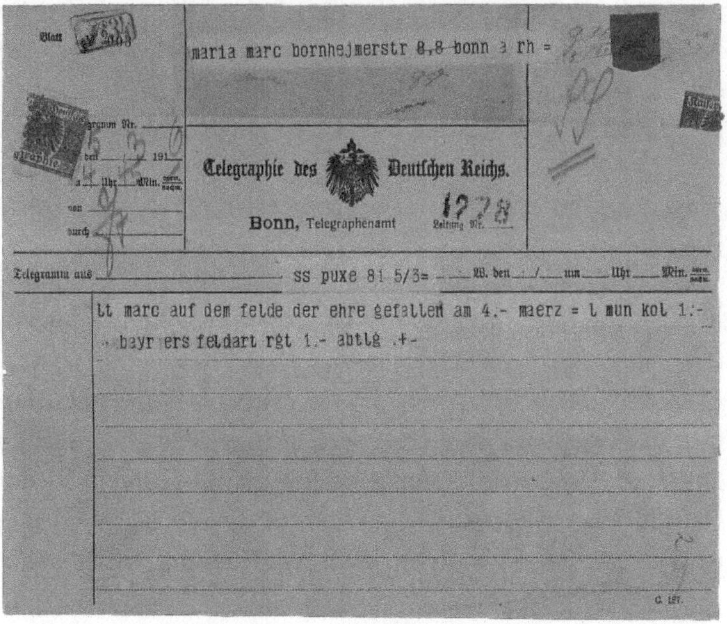

maria marc bornhejmerstr 8,8 bonn 3 rh =

Telegraphie des Deutschen Reichs.

Bonn, Telegraphenamt

Telegramm aus ss puxe 81 5/3=

lt marc auf dem felde der ehre gefallen am 4.- maerz = l mun kol 1.-
- bayr ers feldart rgt 1.- abtlg .+-

Telegramm mit der Todesnachricht

für mich, den Nachlass zu betreuen, aber auch dies wollte gelernt sein. Und doch sah ich eine große Aufgabe vor mir, die ich zu vollbringen hatte. Sie blieb auch tatsächlich an mir allein hängen – es fand sich in den vielen Jahren wenig Hilfe, die mir zur Seite gestanden hätte. Im Laufe der Zeit konnten mir die Briefe von Franz wie ein Leitfaden werden, mir die Richtung weisend, in der mein innerer Weg weitergehen sollte, den ich ganz langsam von Jahr zu Jahr erst ganz erkennen sollte.

Und schon bald erwachte der Wunsch in mir, mein Leben an mir vorüberziehen zu lassen – und alle Begebenheiten in der Erinnerung zu durchleben.

Bei allem Schmerz um ihn und bei aller Sehnsucht, wusste ich, dass – falls ich gefragt würde, ob ich Franz wiederhaben wollte und alles so sein sollte wie damals oder ob ich mein Leben ohne ihn weiterleben wollte, ohne seine Gegenwart, aber mit allen Erfahrungen, die mir sein früher Tod brachte – ich ohne Besinnen zu wählen hätte, dass es bleiben müsse, wie es geworden war.

# Literatur


Annegret Hoberg, *Franz und Maria Marc,* München/Berlin/London/New York 2004

Annegret Hoberg, *Maria Marc. Leben und Werk. 1876–1955.* Katalog zur Ausstellung Städtische Galerie im Lenbachhaus München, 6. Dezember 1995 bis 21. Januar 1996

Annegret Hoberg/Isabelle Jansen, *Franz Marc. Werkverzeichnis* Bd. I–III, erarbeitet von der Städtischen Galerie im Lenbachhaus München, hrsg. von der Franz Marc Stiftung Kochel am See, München 2004–2011

Franz Marc, *Briefe aus dem Feld. 1914-1916.* Mit einer Einführung von Cathrin Klingsöhr-Leroy, München 2015

Kirsten Jüngling/Brigitte Roßbeck, *Franz und Maria Marc. Die Biographie des Künstlerpaares.* Düsseldorf/Zürich 2000, Taschenbuchausgabe 4. Auflage, Berlin 2011, Neuauflage Berlin 2016

Brigitte Roßbeck, *Franz Marc. Die Träume und das Leben,* München 2015

Schloßmuseum des Marktes Murnau (Hg.), *Maria Marc im Kreis des ›Blauen Reiter‹.* Katalog zur Sonderausstellung im Schloßmuseum Murnau, 29. Juli bis 1. November 2004

Antonia Voith (Hg.), *Ab nach München! Künstlerinnen um 1900.* Katalog zur Ausstellung im Stadtmuseum München, 12. September 2014 bis 15. Februar 2015, München 2014

# Personenregister

# Bildnachweis

BPK/Bayerische Staatsgemäldesammlung, München: 173
Franz Marc Museum Kochel am See, Franz Marc Stiftung, Dauerleihgabe, Erbengemeinschaft nach Maria Marc: 31, 33, 57
Gemeindearchiv Kochel am See: 43, 93
Germanisches Nationalmuseum, Nürnberg, Graphische Sammlung: 49 (Hz 6357), 105 (Hz 6366)
Germanisches Nationalmuseum, Nürnberg, Deutsches Kunstarchiv, Nachlass Franz Marc: 2, 19, 34, 37, 38, 50, 53, 91, 104, 105, 115, 167, 179, 181, 185, 188 sowie die Motive auf dem Umschlag
LWL Museum für Kunst und Kultur (Westfälisches Landesmuseum), Münster: 28 (Reproduktion Carmen Hickstein), 134 (Macke Archiv)
Gabriele Münter- und Johannes Eichner-Stiftung, München/VG Bild-Kunst, Bonn 2015: 141
Privatarchiv Christine Hübner: 112, 130
Privatarchiv Eleonore Philipp: 75
Privatarchiv Brigitte Roßbeck: 30, 41, 54, 87, 94, 110, 127, 145 u., 153, 165, 175
Privatarchiv Erwin Wimmers: 20, 21, 25, 69, 95, 145 o., 154, 155, 163
Privatstiftung Schloßmuseum Murnau: 136
Staatliche Graphische Sammlung, München: 79, 81
Stadtarchiv Bad Tölz: 99
Städtische Galerie im Lenbachhaus und Kunstbau, München: 18

Bildnisse, deren Verbleib unbekannt ist bzw. die der Künstler selbst zerstört hat, wurden entnommen aus: Annegret Hoberg/Isabelle Jansen, *Franz Marc. Werkverzeichnis* Bd. II und III, München 2004–2011.

Trotz intensiver Recherche konnten die Bildrechte bis Redaktionsschluss nicht in allen Fällen zweifelsfrei geklärt werden. Im Falle eines berechtigten Anspruchs werden Rechteinhaber gebeten, sich an den Verlag zu wenden. Allen genannten Personen und Institutionen danken wir für die freundliche Genehmigung zum Abdruck.